TRANZLATY

El idioma es para todos

A nyelv mindenkié

El Manifiesto Comunista

A Kommunista Kiáltvány

Karl Marx
&
Friedrich Engels

Español / Magyar

Published by Tranzlaty
ISBN: 978-1-80572-429-2
Original text by Karl Marx and Friedrich Engels
The Communist Manifesto
First published in 1848
www.tranzlaty.com

Introducción
Bevezetés

Un fantasma acecha a Europa: el fantasma del comunismo

Egy kísértet kísérti Európát – a kommunizmus kísértete

Todas las potencias de la vieja Europa han entrado en una santa alianza para exorcizar este fantasma

A régi Európa minden hatalma szent szövetségre lépett, hogy kiűzze ezt a kísértetet

El Papa y el Zar, Metternich y Guizot, los radicales franceses y los espías de la policía alemana

Pápa és cár, Metternich és Guizot, francia radikálisok és német rendőrkémek

¿Dónde está el partido en la oposición que no ha sido tachado de comunista por sus adversarios en el poder?

Hol van az ellenzéki párt, amelyet hatalmon lévő ellenfelei nem bélyegeztek kommunistának?

¿Dónde está la Oposición que no haya devuelto el reproche de marca al comunismo contra los partidos de oposición más avanzados?

Hol van az az ellenzék, amely nem vetette vissza a kommunizmus gyalázatát a fejlettebb ellenzéki pártokkal szemben?

¿Y dónde está el partido que no ha hecho la acusación contra sus adversarios reaccionarios?

És hol van az a párt, amely nem vádolta reakciós ellenfeleit?

Dos cosas resultan de este hecho

Ebből a tényből két dolog következik:

I. El comunismo es ya reconocido por todas las potencias europeas como una potencia en sí misma

I. A kommunizmust már minden európai hatalom hatalomnak ismeri el

II. Ya es hora de que los comunistas publiquen abiertamente, a la vista de todo el mundo, sus puntos de vista, sus objetivos y sus tendencias

II. Legfőbb ideje, hogy a kommunisták nyíltan, az egész világ előtt közzétegyék nézeteiket, céljaikat és tendenciáikat

**deben hacer frente a este cuento infantil del Espectro del
Comunismo con un Manifiesto del propio partido**
a kommunizmus kísértetének ezt a bölcsődei meséjét magának
a pártnak a kiáltványával kell találkozniuk
**Con este fin, comunistas de diversas nacionalidades se han
reunido en Londres y han esbozado el siguiente Manifiesto**
E célból különböző nemzetiségű kommunisták gyűltek össze
Londonban, és felvázolták a következő kiáltványt
**El presente manifiesto se publicará en inglés, francés,
alemán, italiano, flamenco y danés**
ezt a kiáltványt angol, francia, német, olasz, flamand és dán
nyelven kell közzétenni
**Y ahora se publicará en todos los idiomas que ofrece
Tranzlaty**
És most minden nyelven közzé kell tenni, amelyet a Tranzlaty
kínál

La burguesía y los proletarios
Burzsoá és proletárok

La historia de todas las sociedades existentes hasta ahora es la historia de las luchas de clases

Minden eddig létező társadalom története az osztályharcok története

Hombre libre y esclavo, patricio y plebeyo, señor y siervo, maestro de gremio y oficial

Szabad ember és rabszolga, patrícius és plebejus, úr és jobbágy, céhmester és vándor

en una palabra, opresor y oprimido

Egyszóval, elnyomó és elnyomott

Estas clases sociales estaban en constante oposición entre sí

Ezek a társadalmi osztályok állandó ellentétben álltak egymással

Llevaron a cabo una lucha ininterrumpida. Ahora oculto, ahora abierto

Megszakítás nélkül harcoltak. Most rejtve, most nyitva

una lucha que terminó en una reconstitución revolucionaria de la sociedad en general

egy harc, amely vagy a társadalom egészének forradalmi újraalkotmányozásával végződött

o una lucha que terminó en la ruina común de las clases contendientes

vagy egy harc, amely a versengő osztályok közös pusztulásával végződött

Echemos la vista atrás a las épocas anteriores de la historia

Tekintsünk vissza a történelem korábbi korszakaira

Encontramos casi en todas partes una complicada organización de la sociedad en varios órdenes

Szinte mindenütt a társadalom bonyolult elrendezését találjuk különböző rendekbe

Siempre ha habido una múltiple gradación de rango social

a társadalmi rang mindig is sokrétű fokozatban különbözött

En la antigua Roma tenemos patricios, caballeros, plebeyos, esclavos

Az ókori Rómában patríciusok, lovagok, plebejusok, rabszolgák vannak

en la Edad Media: señores feudales, vasallos, maestros de gremios, oficiales, aprendices, siervos

a középkorban: feudális urak, vazallusok, céhmesterek, vándorok, tanoncok, jobbágyok

En casi todas estas clases, de nuevo, las gradaciones subordinadas

Szinte mindegyik osztályban ismét alárendelt fokozatok

La sociedad burguesa moderna ha brotado de las ruinas de la sociedad feudal

A modern burzsoázia társadalma a feudális társadalom romjaiból nőtt ki

Pero este nuevo orden social no ha eliminado los antagonismos de clase

De ez az új társadalmi rend nem szüntette meg az osztályellentéteket

No ha hecho más que establecer nuevas clases y nuevas condiciones de opresión

Csak új osztályokat és az elnyomás új feltételeit hozta létre

Ha establecido nuevas formas de lucha en lugar de las antiguas

a harc új formáit hozta létre a régiek helyett

Sin embargo, la época en la que nos encontramos posee un rasgo distintivo

A kornak azonban, amelyben vagyunk, van egy megkülönböztető jegye

la época de la burguesía ha simplificado los antagonismos de clase

a burzsoázia korszaka egyszerűsítette az osztályellentéteket

La sociedad en su conjunto se divide cada vez más en dos grandes campos hostiles

A társadalom egésze egyre inkább két nagy ellenséges táborra szakad

dos grandes clases sociales enfrentadas directamente: la burguesía y el proletariado

két nagy társadalmi osztály áll egymással szemben: a
burzsoázia és a proletariátus
**De los siervos de la Edad Media surgieron los burgueses de
las primeras ciudades**
A középkor jobbágyaiból származtak a legkorábbi városok
okleveles polgárai
**A partir de estos burgueses se desarrollaron los primeros
elementos de la burguesía**
Ezekből a burgessekből fejlesztették ki a burzsoázia első
elemeit
El descubrimiento de América y el doblamiento del Cabo
Amerika felfedezése és a Cape kerekítése
**estos acontecimientos abrieron un nuevo terreno para la
burguesía en ascenso**
ezek az események új utat nyitottak a felemelkedő burzsoázia
számára
**Los mercados de las Indias Orientales y China, la
colonización de América, el comercio con las colonias**
A kelet-indiai és kínai piacok, Amerika gyarmatosítása,
kereskedelem a gyarmatokkal
**el aumento de los medios de cambio y de las mercancías en
general**
a csereeszközök és általában az áruk növekedése
**Estos acontecimientos dieron al comercio, a la navegación y a
la industria un impulso nunca antes conocido**
Ezek az események korábban soha nem látott lendületet adtak
a kereskedelemnek, a hajózásnak és az iparnak
**Dio un rápido desarrollo al elemento revolucionario en la
tambaleante sociedad feudal**
Gyors fejlődést adott a forradalmi elemnek az ingadozó
feudális társadalomban
**Los gremios cerrados habían monopolizado el sistema
feudal de producción industrial**
A zárt céhek monopolizálták az ipari termelés feudális
rendszerét

Pero esto ya no bastaba para satisfacer las crecientes
necesidades de los nuevos mercados
De ez már nem volt elegendő az új piacok növekvő igényeihez
El sistema manufacturero sustituyó al sistema feudal de la
industria
A gyártási rendszer az ipar feudális rendszerének helyébe
lépett
Los maestros de gremio fueron empujados a un lado por la
clase media manufacturera
A céhmestereket a gyáros középosztály taszította félre
La división del trabajo entre los diferentes gremios
corporativos desapareció
A különböző vállalati céhek közötti munkamegosztás eltűnt
La división del trabajo penetraba en cada uno de los talleres
A munkamegosztás minden egyes műhelybe behatolt
Mientras tanto, los mercados seguían creciendo y la
demanda seguía aumentando
Eközben a piacok folyamatosan növekedtek, és a kereslet
egyre nőtt
Ni siquiera las fábricas bastaban para satisfacer las
demandas
Már a gyárak sem voltak elegendőek az igények kielégítésére
A partir de entonces, el vapor y la maquinaria
revolucionaron la producción industrial
Ezt követően a gőz és a gépek forradalmasították az ipari
termelést
El lugar de la manufactura fue ocupado por el gigante, la
Industria Moderna
A gyártás helyét az óriás, a Modern Ipar vette át
El lugar de la clase media industrial fue ocupado por
millonarios industriales
Az ipari középosztály helyét ipari milliomosok vették át
el lugar de los jefes de ejércitos industriales enteros fue
ocupado por la burguesía moderna
az egész ipari hadsereg vezetőinek helyét a modern
burzsoázia vette át

el descubrimiento de América allanó el camino para que la industria moderna estableciera el mercado mundial

Amerika felfedezése kikövezte az utat a modern ipar számára a világpiac létrehozásához

Este mercado dio un inmenso desarrollo al comercio, la navegación y la comunicación por tierra

E piac óriási fejlődést hozott a kereskedelem, a hajózás és a szárazföldi közlekedés számára

Este desarrollo ha repercutido, en su momento, en la extensión de la industria

Ez a fejlemény a maga idejében reagált az ipar terjeszkedésére

Reaccionó en proporción a cómo se extendía la industria, y cómo se extendían el comercio, la navegación y los ferrocarriles

Arányosan reagált arra, ahogyan az ipar bővült, és ahogyan a kereskedelem, a hajózás és a vasút bővült

en la misma proporción en que la burguesía se desarrolló, aumentó su capital

ugyanolyan arányban, ahogy a burzsoázia fejlődött, növelték tőkéjüket

y la burguesía relegó a un segundo plano a todas las clases heredadas de la Edad Media

és a burzsoázia háttérbe szorított minden osztályt, amelyet a középkortól örököltek

por lo tanto, la burguesía moderna es en sí misma el producto de un largo curso de desarrollo

ezért a modern burzsoázia maga is hosszú fejlődés terméke

Vemos que es una serie de revoluciones en los modos de producción y de intercambio

Látjuk, hogy ez a termelési és cseremódok forradalmainak sorozata

Cada paso de la burguesía desarrollista iba acompañado de un avance político correspondiente

A burzsoázia minden fejlődési lépését megfelelő politikai előrelépés kísérte

Una clase oprimida bajo el dominio de la nobleza feudal

Egy elnyomott osztály a feudális nemesség uralma alatt
una asociación armada y autónoma en la comuna medieval
Fegyveres és önkormányzattal rendelkező egyesület a
középkori kommünben
aquí, una república urbana independiente (como en Italia y
Alemania)
itt egy független városi köztársaság (mint Olaszországban és
Németországban)
allí, un "tercer estado" imponible de la monarquía (como en
Francia)
ott a monarchia adóköteles "harmadik birtoka" (mint
Franciaországban)
posteriormente, en el período de fabricación propiamente
dicho
ezt követően a tulajdonképpeni gyártási időszakban
la burguesía servía a la monarquía semifeudal o a la
monarquía absoluta
a burzsoázia vagy a félfeudális, vagy az abszolút monarchiát
szolgálta
o la burguesía actuaba como contrapeso contra la nobleza
vagy a burzsoázia ellenpólusként lépett fel a nemesség ellen
y, de hecho, la burguesía era una piedra angular de las
grandes monarquías en general
és valójában a burzsoázia általában a nagy monarchiák
sarokköve volt
pero la industria moderna y el mercado mundial se
establecieron desde entonces
de a modern ipar és a világpiac azóta megvetette a lábát
y la burguesía ha conquistado para sí el dominio político
exclusivo
és a burzsoázia kizárólagos politikai befolyást szerzett
magának
logró esta influencia política a través del Estado
representativo moderno
ezt a politikai befolyást a modern képviseleti államon
keresztül érte el

Los ejecutivos del Estado moderno no son más que un comité de gestión

A modern állam végrehajtói nem mások, mint egy intézőbizottság

y manejan los asuntos comunes de toda la burguesía

és ők intézik az egész burzsoázia közös ügyeit

La burguesía, históricamente, ha desempeñado un papel muy revolucionario

A burzsoázia történelmileg a legforradalmibb szerepet játszotta

Dondequiera que se impuso, puso fin a todas las relaciones feudales, patriarcales e idílicas

Ahol felülkerekedett, véget vetett minden feudális, patriarchális és idilli kapcsolatnak

Ha roto sin piedad los abigarrados lazos feudales que unían al hombre con sus "superiores naturales"

Könyörtelenül széttépte azokat a tarka feudális kötelékeket, amelyek az embert "természetes feletteseihez" kötötték

y no ha dejado ningún nexo entre el hombre y el hombre, más allá del puro interés propio

és nem maradt más kapcsolat ember és ember között, mint a meztelen önérdek

Las relaciones del hombre entre sí se han convertido en nada más que un cruel "pago en efectivo"

Az ember egymáshoz való viszonya nem más, mint érzéketlen "készpénzfizetés"

Ha ahogado los éxtasis más celestiales del fervor religioso

Elfojtotta a vallásos buzgalom legmennyeibb extázisát

ha ahogado el entusiasmo caballeresco y el sentimentalismo filisteo

Elfojtotta a lovagias lelkesedést és a filiszteus szentimentalizmust

ha ahogado estas cosas en el agua helada del cálculo egoísta

Ezeket a dolgokat az egoista számítás jeges vizébe fojtotta

Ha resuelto el valor personal en valor de cambio

A személyes értéket cserélhető értékké oldotta fel

Ha sustituido a las innumerables e imprescriptibles libertades estatutarias
felváltotta a számtalan és elidegeníthetetlen chartert szabadságot
y ha establecido una libertad única e inconcebible; Libre cambio
és létrehozott egy egységes, lelkiismeretlen szabadságot; Szabadkereskedelem
En una palabra, lo ha hecho para la explotación
Egyszóval ezt kizsákmányolás céljából tette
explotación velada por ilusiones religiosas y políticas
vallási és politikai illúziókkal leplezett kizsákmányolás
explotación velada por una explotación desnuda, desvergonzada, directa, brutal
A meztelen, szégyentelen, közvetlen, brutális kizsákmányolással leplezett kizsákmányolás
la burguesía ha despojado de la aureola a todas las ocupaciones anteriormente honradas y veneradas
a burzsoázia lehántotta a glóriát minden korábban tisztelt és tisztelt foglalkozásról
el médico, el abogado, el sacerdote, el poeta y el hombre de ciencia
Az orvos, az ügyvéd, a pap, a költő és a tudomány embere
Ha convertido a estos distinguidos trabajadores en sus trabajadores asalariados
Ezeket a kiváló munkásokat fizetett bérmunkásaivá változtatta
La burguesía ha rasgado el velo sentimental de la familia
A burzsoázia letépte a szentimentális fátylat a családról
y ha reducido la relación familiar a una mera relación monetaria
és a családi kapcsolatot puszta pénzbeli viszonyra redukálta
el brutal despliegue de vigor en la Edad Media que tanto admiran los reaccionarios
a középkori életerő brutális megnyilvánulása, amelyet a reakciósok annyira csodálnak

Aun esto encontró su complemento adecuado en la más perezosa indolencia

Még ez is megtalálta a megfelelő kiegészítőjét a leglustább lustaságban

La burguesía ha revelado cómo sucedió todo esto

A burzsoázia nyilvánosságra hozta, hogyan történt mindez

La burguesía ha sido la primera en mostrar lo que la actividad del hombre puede producir

A burzsoázia volt az első, aki megmutatta, mit hozhat az ember tevékenysége

Ha logrado maravillas que superan con creces las pirámides egipcias, los acueductos romanos y las catedrales góticas

Olyan csodákat vitt véghez, amelyek messze meghaladják az egyiptomi piramisokat, a római vízvezetékeket és a gótikus katedrálisokat

y ha llevado a cabo expediciones que han hecho sombra a todos los antiguos Éxodos de naciones y cruzadas

és olyan expedíciókat vezetett, amelyek árnyékba helyezték a nemzetek és keresztes hadjáratok minden korábbi exodusát

La burguesía no puede existir sin revolucionar constantemente los instrumentos de producción

A burzsoázia nem létezhet anélkül, hogy folyamatosan forradalmasítaná a termelési eszközöket

y, por lo tanto, no puede existir sin sus relaciones con la producción

és ezért nem létezhet a termeléshez való viszonya nélkül

y, por lo tanto, no puede existir sin sus relaciones con la sociedad

és ezért nem létezhet a társadalomhoz való viszonya nélkül

Todas las clases industriales anteriores tenían una condición en común

Minden korábbi ipari osztálynak volt egy közös feltétele

Confiaban en la conservación de los antiguos modos de producción

a régi termelési módok megőrzésére támaszkodtak

pero la burguesía trajo consigo una dinámica completamente nueva
de a burzsoázia teljesen új dinamikát hozott magával
Revolucionar constantemente la producción y perturbar ininterrumpidamente todas las condiciones sociales
A termelés folyamatos forradalmasítása és minden társadalmi feltétel megszakítás nélküli megzavarása
esta eterna incertidumbre y agitación distingue a la época burguesa de todas las anteriores
ez az örök bizonytalanság és nyugtalanság különbözteti meg a burzsoázia korszakát minden korábbitól
Las relaciones previas con la producción vinieron acompañadas de antiguos y venerables prejuicios y opiniones
A termeléssel való korábbi kapcsolatok ősi és tiszteletreméltó előítéletekkel és véleményekkel jártak
Pero todas estas relaciones fijas y congeladas son barridas
De mindezeket a rögzült, gyorsan befagyott kapcsolatokat elsöprik
Todas las relaciones recién formadas se vuelven anticuadas antes de que puedan osificarse
Minden újonnan kialakult kapcsolat elavulttá válik, mielőtt megcsontosodhatna
Todo lo que es sólido se derrite en el aire, y todo lo que es santo es profanado
Minden, ami szilárd, levegővé olvad, és minden, ami szent, megszentségtelenedik
El hombre se ve finalmente obligado a afrontar con sus sentidos sobrios sus verdaderas condiciones de vida
Az ember végre kénytelen józan érzékekkel szembenézni valódi életfeltételeivel
y se ve obligado a afrontar sus relaciones con los de su especie
és kénytelen szembenézni a fajtájával való kapcsolatával
La burguesía necesita constantemente ampliar sus mercados para sus productos

A burzsoáziának állandóan bővítenie kell termékei piacát
**y, debido a esto, la burguesía es perseguida por toda la
superficie del globo**
és emiatt a burzsoáziát a világ egész felületén üldözik
**La burguesía debe anidar en todas partes, establecerse en
todas partes, establecer conexiones en todas partes**
A burzsoáziának mindenütt fészket kell vetnie, mindenütt le
kell telepednie, mindenütt kapcsolatokat kell létesítenie
**La burguesía debe crear mercados en todos los rincones del
mundo para explotar**
A burzsoáziának piacokat kell teremtenie a világ minden
sarkában, hogy kizsákmányolja
**La producción y el consumo en todos los países han
adquirido un carácter cosmopolita**
A termelés és a fogyasztás minden országban kozmopolita
jelleget kapott
**el disgusto de los reaccionarios es palpable, pero ha
continuado a pesar de todo**
a reakciósok bosszúsága tapintható, de ettől függetlenül
folytatódott
**La burguesía ha sacado de debajo de los pies de la industria
el terreno nacional en el que se encontraba**
A burzsoázia az ipar lábai alól húzta ki azt a nemzeti talajt,
amelyen állt
**Todas las industrias nacionales de vieja data han sido
destruidas, o están siendo destruidas diariamente**
Minden régi nemzeti ipar megsemmisült, vagy naponta
megsemmisül
**Todas las viejas industrias nacionales son desplazadas por
las nuevas industrias**
Az összes régi nemzeti iparágat új iparágak váltják fel
**Su introducción se convierte en una cuestión de vida o
muerte para todas las naciones civilizadas**
Bevezetésük élet-halál kérdéssé válik minden civilizált nemzet
számára

son desalojados por industrias que ya no trabajan con materia prima autóctona
Olyan iparágak szorítják ki őket, amelyek már nem dolgoznak fel hazai nyersanyagot
En cambio, estas industrias extraen materias primas de las zonas más remotas
Ehelyett ezek az iparágak a legtávolabbi zónákból nyerik ki a nyersanyagokat
industrias cuyos productos se consumen, no solo en el país, sino en todos los rincones del mundo
iparágak, amelyek termékeit nemcsak otthon, hanem a világ minden negyedében fogyasztják
En lugar de las viejas necesidades, satisfechas por las producciones del país, encontramos nuevas necesidades
A régi szükségletek helyett, amelyeket az ország termékei elégítenek ki, új igényeket találunk
Estas nuevas necesidades requieren para su satisfacción los productos de tierras y climas lejanos
Ezek az új igények kielégítésükhöz távoli vidékek és éghajlatok termékeit igénylik
En lugar de la antigua reclusión y autosuficiencia local y nacional, tenemos el comercio
A régi helyi és nemzeti elzárkózás és önellátás helyett kereskedelem van
intercambio internacional en todas las direcciones; Interdependencia universal de las naciones
nemzetközi csere minden irányban; A nemzetek egyetemes kölcsönös függősége
Y así como dependemos de los materiales, también dependemos de la producción intelectual
És ahogy függünk az anyagoktól, ugyanúgy függünk a szellemi termeléstől
Las creaciones intelectuales de las naciones individuales se convierten en propiedad común
Az egyes nemzetek szellemi alkotásai közös tulajdonná válnak

La unilateralidad nacional y la estrechez de miras se vuelven cada vez más imposibles

A nemzeti egyoldalúság és szűklátókörűség egyre lehetetlenebbé válik

y de las numerosas literaturas nacionales y locales, surge una literatura mundial

És a számos nemzeti és helyi irodalomból világirodalom születik

por el rápido perfeccionamiento de todos los instrumentos de producción

az összes termelési eszköz gyors fejlesztésével

por los medios de comunicación inmensamente facilitados

a rendkívül megkönnyített kommunikációs eszközökkel

La burguesía atrae a todos (incluso a las naciones más bárbaras) a la civilización

A burzsoázia mindenkit (még a legbarbárabb nemzeteket is) bevon a civilizációba

Los precios baratos de sus mercancías; la artillería pesada que derriba todas las murallas chinas

Áruinak olcsó árai; a nehéztüzérség, amely minden kínai falat lerombol

El odio intensamente obstinado de los bárbaros hacia los extranjeros se ve obligado a capitular

A barbárok idegenekkel szembeni makacs gyűlölete kapitulációra kényszerül

Obliga a todas las naciones, bajo pena de extinción, a adoptar el modo de producción burgués

Minden nemzetet arra kényszerít, hogy a kihalás terhe mellett átvegye a burzsoázia termelési módját

los obliga a introducir lo que llama civilización en su seno

Arra kényszeríti őket, hogy bevezessék közéjük azt, amit civilizációnak neveznek

La burguesía obliga a los bárbaros a convertirse ellos mismos en burgueses

A burzsoázia arra kényszeríti a barbárokat, hogy maguk is burzsoáziává váljanak

en una palabra, la burguesía crea un mundo a su imagen y semejanza

egyszóval a burzsoázia saját képe után teremt világot

La burguesía ha sometido el campo al dominio de las ciudades

A burzsoázia a vidéket a városok uralma alá vetette

Ha creado enormes ciudades y ha aumentado considerablemente la población urbana

Hatalmas városokat hozott létre, és jelentősen megnövelte a városi lakosságot

Rescató a una parte considerable de la población de la idiotez de la vida rural

A lakosság jelentős részét megmentette a vidéki élet idiotizmusától

pero ha hecho que los del campo dependan de las ciudades

de a vidékieket a városoktól tette függővé

y asimismo, ha hecho que los países bárbaros dependan de los civilizados

És hasonlóképpen függővé tette a barbár országokat a civilizáltaktól

naciones de campesinos sobre naciones de la burguesía, el Este sobre el Oeste

paraszti nemzetek a burzsoázia nemzetein, Kelet Nyugaton

La burguesía suprime cada vez más el estado disperso de la población

A burzsoázia egyre inkább felszámolja a lakosság szétszórt állapotát

Ha aglomerado la producción y ha concentrado la propiedad en pocas manos

Tömörítette a termelést, és néhány kézben koncentrálta a tulajdont

La consecuencia necesaria de esto fue la centralización política

Ennek szükségszerű következménye a politikai centralizáció volt

Había habido naciones independientes y provincias poco conectadas
Voltak független nemzetek és lazán összekapcsolt tartományok
Tenían intereses, leyes, gobiernos y sistemas tributarios separados
Külön érdekeik, törvényeik, kormányaik és adórendszereik voltak
pero se han agrupado en una sola nación, con un solo gobierno
De egy kalap alá kerültek, egy kormánnyal
Ahora tienen un interés nacional de clase, una frontera y un arancel aduanero
Most egy nemzeti osztályérdekük, egy határuk és egy vámtarifájuk van
Y este interés nacional de clase está unificado bajo un solo código de leyes
És ez a nemzeti osztályérdek egyetlen törvénykönyvben egyesül
la burguesía ha logrado mucho durante su gobierno de apenas cien años
a burzsoázia sok mindent elért alig száz éves uralma alatt
fuerzas productivas más masivas y colosales que todas las generaciones precedentes juntas
masszívabb és kolosszálisabb termelőerők, mint az összes korábbi generáció együttvéve;
Las fuerzas de la naturaleza están subyugadas a la voluntad del hombre y su maquinaria
A természet erői alá vannak rendelve az ember és gépezete akaratának
La química se aplica a todas las formas de industria y tipos de agricultura
A kémia az ipar minden formájára és a mezőgazdaság típusára vonatkozik
la navegación a vapor, los ferrocarriles, los telégrafos eléctricos y la imprenta

gőzhajózás, vasút, elektromos távíró és nyomda
**desbroce de continentes enteros para el cultivo, canalización
de ríos**
egész kontinensek művelés céljából történő megtisztítása,
folyók csatornázása
**Poblaciones enteras han sido sacadas de la tierra y puestas a
trabajar**
Egész populációkat varázsoltak elő a földből és dolgoztattak
**¿Qué siglo anterior tuvo siquiera un presentimiento de lo
que podría desencadenarse?**
Melyik korábbi századnak volt egyáltalán elképzelése arról,
hogy mit lehet szabadjára engedni?
**¿Quién predijo que tales fuerzas productivas dormitaban en
el regazo del trabajo social?**
Ki jósolta meg, hogy ilyen termelőerők szunnyadnak a
szociális munka ölében?
**Vemos, pues, que los medios de producción y de
intercambio se generaban en la sociedad feudal**
Látjuk tehát, hogy a termelő- és csereeszközök a feudális
társadalomban keletkeztek
**los medios de producción sobre cuyos cimientos se
construyó la burguesía**
a termelőeszközök, amelyek alapjára a burzsoázia felépítette
magát
**En una determinada etapa del desarrollo de estos medios de
producción y de intercambio**
E termelőeszközök és csereeszközök fejlődésének egy
bizonyos szakaszában
**las condiciones bajo las cuales la sociedad feudal producía e
intercambiaba**
a feudális társadalom termelésének és cseréjének feltételei
**La organización feudal de la agricultura y la industria
manufacturera**
Feudális Mezőgazdasági és Gyáripari Szervezet;
**Las relaciones feudales de propiedad ya no eran compatibles
con las condiciones materiales**

A feudális tulajdonviszonyok már nem voltak
összeegyeztethetők az anyagi viszonyokkal
**Tuvieron que ser reventados en pedazos, por lo que fueron
reventados en pedazos**
Szét kellett őket robbantani, tehát szét kellett robbantani őket
**En su lugar entró la libre competencia de las fuerzas
productivas**
Helyükre lépett a termelőerők szabad versenye
**y fueron acompañadas de una constitución social y política
adaptada a ella**
és ehhez igazított társadalmi és politikai alkotmány kísérte
őket
**y fue acompañado por el dominio económico y político de la
burguesía**
és ezt a burzsoázia osztály gazdasági és politikai befolyása
kísérte
**Un movimiento similar está ocurriendo ante nuestros
propios ojos**
Hasonló mozgalom zajlik a saját szemünk előtt
**La sociedad burguesa moderna con sus relaciones de
producción, de intercambio y de propiedad**
A modern burzsoázia társadalma a maga termelési, csere- és
tulajdonviszonyaival
**una sociedad que ha conjurado medios de producción y de
intercambio tan gigantescos**
egy olyan társadalom, amely ilyen gigantikus termelési és
csereeszközöket varázsolt elő
**Es como el hechicero que invocó los poderes del mundo
inferior**
Olyan ez, mint a varázsló, aki előhívta az alvilág erőit
Pero ya no es capaz de controlar lo que ha traído al mundo
De már nem képes irányítani azt, amit a világra hozott
**Durante muchas décadas, la historia pasada estuvo unida
por un hilo conductor**
Sok évtizeden át a történelmet egy közös szál kötötte össze

La historia de la industria y del comercio no ha sido más que la historia de las revueltas

Az ipar és a kereskedelem története nem más, mint a lázadások története

las revueltas de las fuerzas productivas modernas contra las condiciones modernas de producción

a modern termelőerők lázadásai a modern termelési feltételek ellen

Las revueltas de las fuerzas productivas modernas contra las relaciones de propiedad

a modern termelőerők lázadásai a tulajdonviszonyok ellen

estas relaciones de propiedad son las condiciones para la existencia de la burguesía

ezek a tulajdonviszonyok a burzsoázia létének feltételei

y la existencia de la burguesía determina las reglas de las relaciones de propiedad

és a burzsoázia létezése határozza meg a tulajdonviszonyok szabályait

Baste mencionar el retorno periódico de las crisis comerciales

Elég megemlíteni a kereskedelmi válságok időszakos visszatérését

cada crisis comercial es más amenazante para la sociedad burguesa que la anterior

minden kereskedelmi válság fenyegetőbb a burzsoázia társadalmára, mint az előző

En estas crisis se destruye gran parte de los productos existentes

Ezekben a válságokban a meglévő termékek nagy része megsemmisül

Pero estas crisis también destruyen las fuerzas productivas previamente creadas

De ezek a válságok elpusztítják a korábban létrehozott termelőerőket is

En todas las épocas anteriores, estas epidemias habrían parecido un absurdo

Minden korábbi korszakban ezek a járványok abszurditásnak tűntek volna
porque estas epidemias son las crisis comerciales de la sobreproducción
mert ezek a járványok a túltermelés kereskedelmi válságai
De repente, la sociedad se encuentra de nuevo en un estado de barbarie momentánea
A társadalom hirtelen visszakerül a pillanatnyi barbárság állapotába
como si una guerra universal de devastación hubiera cortado todos los medios de subsistencia
mintha egy egyetemes pusztító háború elvágta volna a létfenntartás minden eszközét
la industria y el comercio parecen haber sido destruidos; ¿Y por qué?
úgy tűnik, hogy az ipar és a kereskedelem megsemmisült; És miért?
Porque hay demasiada civilización y medios de subsistencia
Mert túl sok a civilizáció és a létfenntartáshoz szükséges eszközök
y porque hay demasiada industria y demasiado comercio
és mert túl sok az ipar és túl sok a kereskedelem
Las fuerzas productivas a disposición de la sociedad ya no desarrollan la propiedad burguesa
A társadalom rendelkezésére álló termelőerők már nem fejlesztik a burzsoázia tulajdonát
por el contrario, se han vuelto demasiado poderosos para estas condiciones, por las cuales están encadenados
Éppen ellenkezőleg, túl erőssé váltak ezekhez a feltételekhez, amelyek megbéklyózzák őket
tan pronto como superan estas cadenas, traen el desorden a toda la sociedad burguesa
mihelyt legyőzik ezeket a béklyókat, zűrzavart hoznak az egész burzsoázia társadalmába
y las fuerzas productivas ponen en peligro la existencia de la propiedad burguesa

és a termelőerők veszélyeztetik a burzsoázia tulajdonának létét

Las condiciones de la sociedad burguesa son demasiado estrechas para abarcar la riqueza creada por ellas

A burzsoázia társadalmának feltételei túl szűkek ahhoz, hogy magukban foglalják az általuk létrehozott gazdagságot

¿Y cómo supera la burguesía estas crisis?

És hogyan jut túl a burzsoázia ezeken a válságokon?

Por un lado, supera estas crisis mediante la destrucción forzada de una masa de fuerzas productivas

Egyrészt a termelőerők tömegének erőszakos megsemmisítésével győzi le ezeket a válságokat

por otro lado, supera estas crisis mediante la conquista de nuevos mercados

Másrészt új piacok meghódításával küzdi le ezeket a válságokat

y supera estas crisis mediante la explotación más completa de las viejas fuerzas productivas

és ezeket a válságokat a régi termelőerők alaposabb kizsákmányolásával győzi le

Es decir, allanando el camino para crisis más extensas y destructivas

Vagyis azzal, hogy kikövezzük az utat a kiterjedtebb és pusztítóbb válságok előtt

supera la crisis disminuyendo los medios para prevenir las crisis

Úgy küzdi le a válságot, hogy csökkenti a válságok megelőzésére szolgáló eszközöket

Las armas con las que la burguesía derribó el feudalismo se vuelven ahora contra sí misma

Azok a fegyverek, amelyekkel a burzsoázia földig rombolta a feudalizmust, most önmaga ellen fordultak

Pero la burguesía no sólo ha forjado las armas que le dan la muerte

De a burzsoázia nemcsak azokat a fegyvereket kovácsolta, amelyek halált hoznak magának

También ha llamado a la existencia a los hombres que han de empuñar esas armas

Életre hívta azokat az embereket is, akiknek ezeket a fegyvereket kell használniuk

Y estos hombres son la clase obrera moderna; Son los proletarios

és ezek az emberek alkotják a modern munkásosztályt; Ők a proletárok

En la misma proporción en que se desarrolla la burguesía, en la misma proporción se desarrolla el proletariado

Amilyen mértékben a burzsoázia fejlett, olyan arányban fejlett a proletariátus is

La clase obrera moderna desarrolló una clase de trabajadores

A modern munkásosztály kifejlesztette a munkások osztályát

Esta clase de obreros vive sólo mientras encuentran trabajo

A munkásoknak ez az osztálya csak addig él, amíg munkát talál

y sólo encuentran trabajo mientras su trabajo aumenta el capital

és csak addig találnak munkát, amíg munkájuk növeli a tőkét

Estos obreros, que deben venderse a destajo, son una mercancía

Ezek a munkások, akiknek darabonként kell eladniuk magukat, árucikk

Estos obreros son como cualquier otro artículo de comercio

Ezek a munkások olyanok, mint minden más kereskedelmi cikk

y, en consecuencia, están expuestos a todas las vicisitudes de la competencia

következésképpen ki vannak téve a verseny minden viszontagságának

Tienen que capear todas las fluctuaciones del mercado

Át kell vészelniük a piac minden ingadozását

Debido al uso extensivo de maquinaria y a la división del trabajo

A gépek széles körű használata és a munkamegosztás miatt

El trabajo de los proletarios ha perdido todo carácter individual

A proletárok munkája elvesztette minden egyéni jellegét

y, en consecuencia, el trabajo de los proletarios ha perdido todo encanto para el obrero

következésképpen a proletárok munkája elvesztette minden varázsát a munkás számára

Se convierte en un apéndice de la máquina, en lugar del hombre que una vez fue

A gép függelékévé válik, nem pedig azzá az emberré, aki egykor volt

Sólo se requiere de él la habilidad más simple, monótona y más fácil de adquirir

Csak a legegyszerűbb, monoton és legkönnyebben megszerezhető trükkre van szükség tőle

Por lo tanto, el costo de producción de un trabajador está restringido

Ezért a munkás termelési költsége korlátozott

se restringe casi por completo a los medios de subsistencia que necesita para su manutención

szinte teljes egészében a létfenntartáshoz szükséges megélhetési eszközökre korlátozódik

y se restringe a los medios de subsistencia que necesita para la propagación de su raza

és azokra a létfenntartási eszközökre korlátozódik, amelyekre fajának szaporításához szüksége van

Pero el precio de una mercancía, y por lo tanto también del trabajo, es igual a su costo de producción

De egy áru, és így a munkaerő ára is megegyezik a termelési költségével

Por lo tanto, a medida que aumenta la repulsividad del trabajo, disminuye el salario

Ezért a munka visszataszító erejének növekedésével arányosan csökken a bér

Es más, la repulsión de su obra aumenta a un ritmo aún mayor

- 24 -

Sőt, munkájának visszataszító jellege még nagyobb ütemben
növekszik
**A medida que aumenta el uso de maquinaria y la división
del trabajo, también lo hace la carga del trabajo**
Ahogy nő a gépek használata és a munkamegosztás, úgy nő a
munka terhe is
**La carga del trabajo se incrementa con la prolongación de las
horas de trabajo**
A munkaidő meghosszabbítása növeli a munka terhét
Se espera más del obrero en el mismo tiempo que antes
Többet várnak a munkástól ugyanabban az időben, mint
korábban
**Y, por supuesto, la carga del trabajo aumenta por la
velocidad de la maquinaria**
És természetesen a munka terhét növeli a gép sebessége
**La industria moderna ha convertido el pequeño taller del
amo patriarcal en la gran fábrica del capitalista industrial**
A modern ipar a patriarchális mester kis műhelyét az ipari
kapitalista nagy gyárává változtatta
**Las masas de obreros, hacinados en la fábrica, están
organizadas como soldados**
A gyárba zsúfolódott munkástömegek úgy szerveződnek,
mint a katonák
**Como soldados rasos del ejército industrial están bajo el
mando de una jerarquía perfecta de oficiales y sargentos**
Az ipari hadsereg közlegényeiként a tisztek és őrmesterek
tökéletes hierarchiájának parancsnoksága alá kerülnek;
no sólo son esclavos de la burguesía y del Estado
nemcsak a burzsoázia osztályának és államának rabszolgái
**pero también son esclavizados diariamente y cada hora por
la máquina**
de naponta és óránként is rabszolgái a gépnek
**están esclavizados por el vigilante y, sobre todo, por el
propio fabricante burgués**
rabszolgái a szemlélőnek, és mindenekelőtt magának a
burzsoáziai gyárosnak a rabszolgái

Cuanto más abiertamente proclama este despotismo que la ganancia es su fin y su fin, tanto más mezquino, más odioso y más amargo es

Minél nyíltabban hirdeti ez az önkényuralom a nyereséget, mint célját és célját, annál kicsinyesebb, annál gyűlölködőbb és elkeseredettebb

Cuanto más se desarrolla la industria moderna, menores son las diferencias entre los sexos

Minél fejlettebb az ipar, annál kisebbek a nemek közötti különbségek

Cuanto menor es la habilidad y el ejercicio de la fuerza implícitos en el trabajo manual, tanto más el trabajo de los hombres es reemplazado por el de las mujeres

Minél kevesebb a kétkezi munkával járó ügyesség és erőkifejtés, annál inkább kiszorítja a férfiak munkáját a nőké

Las diferencias de edad y sexo ya no tienen ninguna validez social distintiva para la clase obrera

Az életkori és nemi különbségeknek már nincs megkülönböztető társadalmi érvényességük a munkásosztály számára

Todos son instrumentos de trabajo, más o menos costosos de usar, según su edad y sexo

Mindegyik munkaeszköz, koruktól és nemüktől függően többé-kevésbé költséges a használatuk

tan pronto como el obrero recibe su salario en efectivo, es atacado por las otras partes de la burguesía

mihelyt a munkás készpénzben kapja meg bérét, a burzsoázia többi része is rákényszeríti

el propietario, el tendero, el prestamista, etc

a földesúr, a boltos, a zálogügynök stb

Los estratos más bajos de la clase media; los pequeños comerciantes y tenderos

A középosztály alsó rétegei; a kiskereskedők, a kereskedők és a boltosok;

los comerciantes jubilados en general, y los artesanos y campesinos

a nyugdíjas kereskedők általában, valamint a kézművesek és parasztok

todo esto se hunde poco a poco en el proletariado

mindezek fokozatosan beszivárognak a proletariátusba

en parte porque su minúsculo capital no basta para la escala en que se desarrolla la industria moderna

részben azért, mert csekély tőkéjük nem elegendő ahhoz a mértékhez, amelyen a modern ipar folyik

y porque está inundada en la competencia con los grandes capitalistas

és mert elárasztja a nagytőkésekkel folytatott verseny

en parte porque sus habilidades especializadas se vuelven inútiles por los nuevos métodos de producción

részben azért, mert speciális szakértelmüket értéktelenné teszik az új termelési módszerek

De este modo, el proletariado es reclutado entre todas las clases de la población

Így a proletariátus a lakosság minden osztályából toborozódik

El proletariado pasa por varias etapas de desarrollo

A proletariátus a fejlődés különböző szakaszain megy keresztül

Con su nacimiento comienza su lucha con la burguesía

Születésével megkezdődik a harc a burzsoáziával

Al principio, la contienda es llevada a cabo por trabajadores individuales

A versenyt eleinte egyéni munkások folytatják

Entonces el concurso es llevado a cabo por los obreros de una fábrica

Ezután a versenyt egy gyár munkásai folytatják

Entonces la contienda es llevada a cabo por los operarios de un oficio, en una localidad

Ezután a versenyt egy szakma ügynökei folytatják, egy helységben

y la contienda es entonces contra la burguesía individual que los explota directamente

és a verseny akkor az egyes burzsoázia ellen irányul, aki
közvetlenül kizsákmányolja őket
**No dirigen sus ataques contra las condiciones de producción
de la burguesía**
Támadásaikat nem a burzsoázia termelési feltételei ellen
irányítják
**pero dirigen su ataque contra los propios instrumentos de
producción**
de támadásukat maguk a termelőeszközök ellen irányítják
**destruyen mercancías importadas que compiten con su mano
de obra**
elpusztítják az importált árukat, amelyek versenyeznek a
munkájukkal
Hacen pedazos la maquinaria y prenden fuego a las fábricas
Darabokra törik a gépeket, és gyárakat gyújtanak fel
**tratan de restaurar por la fuerza el estado desaparecido del
obrero de la Edad Media**
erőszakkal akarják visszaállítani a középkori munkás eltűnt
helyzetét
**En esta etapa, los obreros forman todavía una masa
incoherente dispersa por todo el país**
Ebben a szakaszban a munkások még mindig
összefüggéstelen tömeget alkotnak, amely szétszóródik az
egész országban
y se rompen por su mutua competencia
és kölcsönös versengésük felbomlasztja őket
**Si en alguna parte se unen para formar cuerpos más
compactos, esto no es todavía la consecuencia de su propia
unión activa**
Ha bárhol egyesülnek, hogy kompaktabb testeket alkossanak,
ez még nem a saját aktív egyesülésük következménye
**pero es una consecuencia de la unión de la burguesía, para
alcanzar sus propios fines políticos**
de a burzsoázia egyesülésének következménye, hogy elérje
saját politikai céljait

la burguesía se ve obligada a poner en movimiento a todo el proletariado
a burzsoázia arra kényszerül, hogy mozgásba hozza az egész proletariátust
y además, por un momento, la burguesía es capaz de hacerlo
sőt a burzsoázia egy ideig képes erre
Por lo tanto, en esta etapa, los proletarios no luchan contra sus enemigos
Ebben a szakaszban tehát a proletárok nem harcolnak ellenségeikkel
sino que están luchando contra los enemigos de sus enemigos
Ehelyett ellenségeik ellenségei ellen harcolnak
la lucha contra los restos de la monarquía absoluta y los terratenientes
A harc az abszolút monarchia maradványaival és a földtulajdonosokkal
luchan contra la burguesía no industrial; la pequeña burguesía
harcolnak a nem ipari burzsoázia ellen; a kispolgárság
De este modo, todo el movimiento histórico se concentra en manos de la burguesía
Így az egész történelmi mozgalom a burzsoázia kezében összpontosul
cada victoria así obtenida es una victoria para la burguesía
minden így elért győzelem a burzsoázia győzelme
Pero con el desarrollo de la industria, el proletariado no sólo aumenta en número
De az ipar fejlődésével a proletariátus nemcsak a számuk növekszik
el proletariado se concentra en grandes masas y su fuerza crece
a proletariátus nagyobb tömegekben koncentrálódik, és ereje növekszik
y el proletariado siente cada vez más esa fuerza
és a proletariátus egyre jobban érzi ezt az erőt

Los diversos intereses y condiciones de vida en las filas del proletariado se igualan cada vez más

A proletariátus soraiban a különböző érdekek és életfeltételek egyre inkább kiegyenlítődnek

se vuelven más proporcionales a medida que la maquinaria borra todas las distinciones de trabajo

arányosabbá válnak, ahogy a gépek eltörlik a munka minden megkülönböztetését

y la maquinaria reduce los salarios al mismo nivel bajo en casi todas partes

és a gépek szinte mindenhol ugyanolyan alacsony szintre csökkentik a béreket

La creciente competencia entre la burguesía, y las crisis comerciales resultantes, hacen que los salarios de los obreros sean cada vez más fluctuantes

A burzsoázia közötti fokozódó verseny és az ebből eredő kereskedelmi válságok a munkások bérét egyre ingadozóbbá teszik

La mejora incesante de la maquinaria, que se desarrolla cada vez más rápidamente, hace que sus medios de vida sean cada vez más precarios

A gépek szüntelen fejlődése, amely egyre gyorsabban fejlődik, egyre bizonytalanabbá teszi megélhetésüket

los choques entre obreros individuales y burgueses individuales toman cada vez más el carácter de choques entre dos clases

az egyes munkások és az egyéni burzsoázia összeütközései egyre inkább két osztály összeütközésének jellegét öltik magukra

A partir de ese momento, los obreros comienzan a formar uniones (sindicatos) contra la burguesía

Erre a munkások elkezdenek szövetségeket (szakszervezeteket) alakítani a burzsoázia ellen

se agrupan para mantener el ritmo de los salarios

Összefognak, hogy fenntartsák a bérek mértékét

Fundaron asociaciones permanentes para hacer frente de antemano a estas revueltas ocasionales
állandó egyesületeket alapítottak annak érdekében, hogy előzetesen intézkedjenek ezekről az alkalmi felkelésekről
Aquí y allá la contienda estalla en disturbios
A verseny itt-ott zavargásokba torkollik
De vez en cuando los obreros salen victoriosos, pero sólo por un tiempo
Időnként a munkások győzedelmeskednek, de csak egy időre
El verdadero fruto de sus batallas no reside en el resultado inmediato, sino en la unión cada vez mayor de los trabajadores
Harcaik igazi gyümölcse nem a közvetlen eredményben rejlik, hanem a munkások egyre bővülő szakszervezetében
Esta unión se ve favorecida por la mejora de los medios de comunicación creados por la industria moderna
Ezt az uniót segítik a modern ipar által létrehozott fejlett kommunikációs eszközök
La comunicación moderna pone en contacto a los trabajadores de diferentes localidades
A modern kommunikáció kapcsolatba hozza egymással a különböző települések dolgozóit
Era precisamente este contacto el que se necesitaba para centralizar las numerosas luchas locales en una lucha nacional entre clases
Éppen erre a kapcsolatra volt szükség ahhoz, hogy a számos helyi harcot egyetlen nemzeti osztályharcban egyesítsék
Todas estas luchas tienen el mismo carácter, y toda lucha de clases es una lucha política
Mindezek a harcok azonos jellegűek, és minden osztályharc politikai harc
los burgueses de la Edad Media, con sus miserables carreteras, necesitaron siglos para formar sus uniones
a középkori polgároknak, nyomorúságos autópályáikkal, évszázadokra volt szükségük szakszervezeteik kialakításához

Los proletarios modernos, gracias a los ferrocarriles, logran sus sindicatos en pocos años
A modern proletárok a vasútnak köszönhetően néhány éven belül elérik szakszervezeteiket
Esta organización de los proletarios en una clase los formó, por consiguiente, en un partido político
A proletároknak ez az osztályba szerveződése politikai párttá formálta őket
La clase política se ve continuamente molesta por la competencia entre los propios trabajadores
A politikai osztályt újra és újra felzaklatja a munkások közötti verseny
Pero la clase política sigue levantándose de nuevo, más fuerte, más firme, más poderosa
De a politikai osztály újra felemelkedik, erősebbé, szilárdabbá, hatalmasabbá
Obliga al reconocimiento legislativo de los intereses particulares de los trabajadores
Kikényszeríti a munkavállalók sajátos érdekeinek jogszabályi elismerését
lo hace aprovechándose de las divisiones en el seno de la propia burguesía
ezt úgy teszi, hogy kihasználja a burzsoázia közötti megosztottságot
De este modo, el proyecto de ley de las diez horas en Inglaterra se convirtió en ley
Így Angliában törvénybe iktatták a tízórás törvényjavaslatot
en muchos sentidos, las colisiones entre las clases de la vieja sociedad son, además, el curso del desarrollo del proletariado
a régi társadalom osztályai közötti ütközések sok tekintetben a proletariátus fejlődésének menetét jelentik
La burguesía se ve envuelta en una batalla constante
A burzsoázia állandó harcban találja magát
Al principio se verá envuelto en una batalla constante con la aristocracia

Eleinte állandó harcban találja magát az arisztokráciával
**más tarde se verá envuelta en una batalla constante con esas
partes de la propia burguesía**
később állandó harcban fog állni magával a burzsoáziával
**y sus intereses se habrán vuelto antagónicos al progreso de
la industria**
és érdekeik ellenségessé válnak az ipar fejlődésével szemben
**en todo momento, sus intereses se habrán vuelto
antagónicos con la burguesía de los países extranjeros**
érdekeik mindenkor ellenségessé válnak a külföldi országok
burzsoáziájával
**En todas estas batallas se ve obligado a apelar al proletariado
y pide su ayuda**
Mindezekben a harcokban arra kényszerül, hogy a
proletariátushoz forduljon, és a segítségét kéri
**y, por lo tanto, se sentirá obligado a arrastrarlo a la arena
política**
és így kénytelen lesz belerángatni a politikai arénába
**La burguesía misma, por lo tanto, suministra al proletariado
sus propios instrumentos de educación política y general**
Ezért maga a burzsoázia látja el a proletariátust a maga
politikai és általános oktatási eszközeivel
**en otras palabras, suministra al proletariado armas para
luchar contra la burguesía**
más szóval, fegyverekkel látja el a proletariátust a burzsoázia
elleni harchoz
**Además, como ya hemos visto, sectores enteros de las clases
dominantes se precipitan en el proletariado**
Továbbá, mint már láttuk, az uralkodó osztályok egész részei
csapódnak be a proletariátusba
el avance de la industria los absorbe en el proletariado
az ipar fejlődése beszippantja őket a proletariátusba
**o, al menos, están amenazados en sus condiciones de
existencia**
vagy legalábbis létfeltételeikben fenyegetve vannak

Estos también suministran al proletariado nuevos elementos de ilustración y progreso
Ezek látják el a proletariátust a felvilágosodás és a haladás új elemeivel is

Finalmente, en momentos en que la lucha de clases se acerca a la hora decisiva
Végül, amikor az osztályharc a döntő órához közeledik

el proceso de disolución que se está llevando a cabo en el seno de la clase dominante
Az uralkodó osztályon belül zajló felbomlási folyamat

De hecho, la disolución que se está produciendo en el seno de la clase dominante se sentirá en toda la sociedad
Valójában az uralkodó osztályon belül zajló felbomlás a társadalom egész területén érezhető lesz

Tomará un carácter tan violento y deslumbrante, que un pequeño sector de la clase dominante se quedará a la deriva
Olyan erőszakos, kirívó jelleget fog ölteni, hogy az uralkodó osztály egy kis része elvágja magát

y esa clase dominante se unirá a la clase revolucionaria
és ez az uralkodó osztály csatlakozni fog a forradalmi osztályhoz

La clase revolucionaria es la clase que tiene el futuro en sus manos
A forradalmi osztály az az osztály, amely kezében tartja a jövőt

Al igual que en un período anterior, una parte de la nobleza se pasó a la burguesía
Csakúgy, mint egy korábbi időszakban, a nemesség egy része átment a burzsoáziába

de la misma manera que una parte de la burguesía se pasará al proletariado
ugyanúgy, ahogy a burzsoázia egy része átmegy a proletariátusba

en particular, una parte de la burguesía pasará a una parte de los ideólogos de la burguesía

különösen a burzsoázia egy része fog átmenni a burzsoázia ideológusainak egy részéhez

Ideólogos burgueses que se han elevado al nivel de comprender teóricamente el movimiento histórico en su conjunto

A burzsoázia ideológusai, akik arra a szintre emelkedtek, hogy elméletileg megértsék a történelmi mozgalom egészét

De todas las clases que hoy se encuentran frente a frente con la burguesía, sólo el proletariado es una clase realmente revolucionaria

Mindazon osztályok közül, amelyek ma szemtől szemben állnak a burzsoáziával, egyedül a proletariátus valóban forradalmi osztály

Las otras clases decaen y finalmente desaparecen frente a la industria moderna

A többi osztály hanyatlik és végül eltűnik a modern iparral szemben

el proletariado es su producto especial y esencial

a proletariátus különleges és lényeges terméke

La clase media baja, el pequeño fabricante, el tendero, el artesano, el campesino

Az alsó középosztály, a kisiparos, a boltos, a kézműves, a paraszt

todos ellos luchan contra la burguesía

mindezek a burzsoázia ellen harcolnak

Luchan como fracciones de la clase media para salvarse de la extinción

A középosztály frakcióiként harcolnak, hogy megmentsék magukat a kihalástól

Por lo tanto, no son revolucionarios, sino conservadores

Ezért nem forradalmiak, hanem konzervatívak

Más aún, son reaccionarios, porque tratan de hacer retroceder la rueda de la historia

Sőt, reakciósak, mert megpróbálják visszaforgatni a történelem kerekét

Si por casualidad son revolucionarios, lo son sólo en vista de su inminente transferencia al proletariado

Ha véletlenül forradalmiak, csak a proletariátusba való közelgő áthelyezésük miatt azok;

Por lo tanto, no defienden sus intereses presentes, sino sus intereses futuros

Így nem a jelenüket, hanem a jövőbeli érdekeiket védik

abandonan su propio punto de vista para situarse en el del proletariado

elhagyják saját álláspontjukat, hogy a proletariátus álláspontjához igazodjanak

La "clase peligrosa", la escoria social, esa masa pasivamente putrefacta arrojada por las capas más bajas de la vieja sociedad

A "veszélyes osztály", a társadalmi söpredék, az a passzívan rothadó tömeg, amelyet a régi társadalom legalsóbb rétegei dobtak le

pueden, aquí y allá, ser arrastrados al movimiento por una revolución proletaria

Itt-ott a proletárforradalom söpörheti be őket a mozgalomba

Sus condiciones de vida, sin embargo, la preparan mucho más para el papel de un instrumento sobornado de la intriga reaccionaria

Életkörülményei azonban sokkal inkább felkészítik a reakciós intrika megvesztegetett eszközének szerepére

En las condiciones del proletariado, los de la vieja sociedad en general están ya virtualmente desbordados

A proletariátus viszonyai között a régi társadalom egésze már gyakorlatilag el van árasztva

El proletario carece de propiedad

A proletár tulajdon nélkül van

su relación con su mujer y sus hijos ya no tiene nada en común con las relaciones familiares de la burguesía

feleségéhez és gyermekeihez való viszonyának már semmi köze sincs a burzsoázia családi viszonyaihoz;

el trabajo industrial moderno, el sometimiento moderno al capital, lo mismo en Inglaterra que en Francia, en Estados Unidos como en Alemania

modern ipari munka, modern alávetettség a tőkének, ugyanaz Angliában, mint Franciaországban, Amerikában éppúgy, mint Németországban

Su condición en la sociedad lo ha despojado de todo rastro de carácter nacional

Társadalmi helyzete megfosztotta őt a nemzeti jellem minden nyomától

El derecho, la moral, la religión, son para él otros tantos prejuicios burgueses

A törvény, az erkölcs, a vallás megannyi burzsoázia előítélet számára

y detrás de estos prejuicios acechan emboscados otros tantos intereses burgueses

és ezen előítéletek mögött éppúgy lesben lappang a burzsoázia érdeke

Todas las clases precedentes que se impusieron trataron de fortalecer su estatus ya adquirido

Az összes korábbi osztály, amely fölénybe került, arra törekedett, hogy megerősítse már megszerzett státuszát

Lo hicieron sometiendo a la sociedad en general a sus condiciones de apropiación

Ezt úgy tették, hogy a társadalom egészét alávetették a kisajátítás feltételeinek

Los proletarios no pueden llegar a ser dueños de las fuerzas productivas de la sociedad

A proletárok nem válhatnak a társadalom termelőerőinek uraivá

sólo puede hacerlo aboliendo su propio modo anterior de apropiación

Ezt csak úgy teheti meg, ha eltörli saját korábbi kisajátítási módját

y, por lo tanto, también suprime cualquier otro modo anterior de apropiación

és ezáltal eltöröl minden más korábbi kisajátítási módot is

No tienen nada propio que asegurar y fortificar

Nincs semmijük, amit biztosítanának és megerősíthetnének

Su misión es destruir todos los valores y seguros anteriores de la propiedad individual

Küldetésük az, hogy megsemmisítsék az egyéni tulajdonra vonatkozó összes korábbi biztosítékot és biztosítást

Todos los movimientos históricos anteriores fueron movimientos de minorías

Minden korábbi történelmi mozgalom kisebbségi mozgalom volt

o eran movimientos en interés de las minorías

vagy kisebbségek érdekeit szolgáló mozgalmak voltak

El movimiento proletario es el movimiento consciente e independiente de la inmensa mayoría

A proletármozgalom a hatalmas többség öntudatos, független mozgalma

Y es un movimiento en interés de la inmensa mayoría

és ez a mozgalom a hatalmas többség érdekeit szolgálja

El proletariado, el estrato más bajo de nuestra sociedad actual

A proletariátus, jelenlegi társadalmunk legalsó rétege

no puede agitarse ni elevarse sin que todos los estratos superiores de la sociedad oficial salgan al aire

Nem mozdulhat meg és nem emelkedhet fel anélkül, hogy a hivatalos társadalom egész felsőbbrendű rétegei a levegőbe ne emelkednének

Aunque no en el fondo, sí en la forma, la lucha del proletariado con la burguesía es, al principio, una lucha nacional

A proletariátus harca a burzsoáziával, ha nem is lényegében, de formájában, de eleinte nemzeti harc

El proletariado de cada país debe, por supuesto, en primer lugar arreglar las cosas con su propia burguesía

Minden ország proletariátusának természetesen mindenekelőtt a saját burzsoáziájával kell rendeznie a dolgokat

Al describir las fases más generales del desarrollo del proletariado, hemos trazado la guerra civil más o menos velada

A proletariátus fejlődésének legáltalánosabb fázisainak ábrázolásakor nyomon követtük a többé-kevésbé leplezett polgárháborút

Este civil está haciendo estragos dentro de la sociedad existente

Ez a civil tombol a létező társadalomban

Se enfurecerá hasta el punto en que esa guerra estalle en una revolución abierta

addig a pontig fog tombolni, ahol a háború nyílt forradalommá tör ki

y luego el derrocamiento violento de la burguesía sienta las bases para el dominio del proletariado

és akkor a burzsoázia erőszakos megdöntése megalapozza a proletariátus uralmát

Hasta ahora, todas las formas de sociedad se han basado, como ya hemos visto, en el antagonismo de las clases opresoras y oprimidas

Eddig a társadalom minden formája, mint már láttuk, az elnyomó és elnyomott osztályok antagonizmusán alapult

Pero para oprimir a una clase, hay que asegurarle ciertas condiciones

De ahhoz, hogy egy osztályt elnyomjanak, bizonyos feltételeket biztosítani kell számára

La clase debe ser mantenida en condiciones en las que pueda, por lo menos, continuar su existencia servil

Az osztályt olyan körülmények között kell tartani, amelyek között legalább szolgai létét folytathatja

El siervo, en el período de la servidumbre, se elevaba a la comuna

A jobbágy a jobbágy időszakában a község tagságára emelkedett

del mismo modo que la pequeña burguesía, bajo el yugo del absolutismo feudal, logró convertirse en burguesía

mint ahogy a kispolgárságnak a feudális abszolutizmus igája alatt sikerült burzsoáziává fejlődnie

El obrero moderno, por el contrario, en lugar de elevarse con el progreso de la industria, se hunde cada vez más

A modern munkás ezzel szemben ahelyett, hogy az ipar fejlődésével együtt emelkedne, egyre mélyebbre és mélyebbre süllyed

se hunde por debajo de las condiciones de existencia de su propia clase

saját osztályának létfeltételei alá süllyed

Se convierte en un indigente, y el pauperismo se desarrolla más rápidamente que la población y la riqueza

Szegénysé válik, és a pauperizmus gyorsabban fejlődik, mint a népesség és a gazdagság

Y aquí se hace evidente que la burguesía ya no es apta para ser la clase dominante de la sociedad

És itt nyilvánvalóvá válik, hogy a burzsoázia alkalmatlan arra, hogy a társadalom uralkodó osztálya legyen

y no es apta para imponer sus condiciones de existencia a la sociedad como una ley imperativa

és alkalmatlan arra, hogy létfeltételeit mindenek felett álló törvényként ráerőltesse a társadalomra

Es incapaz de gobernar porque es incapaz de asegurar una existencia a su esclavo dentro de su esclavitud

Alkalmatlan az uralkodásra, mert képtelen létet biztosítani rabszolgájának rabszolgaságában

porque no puede evitar dejarlo hundirse en tal estado, que tiene que alimentarlo, en lugar de ser alimentado por él

Mert nem tehet róla, hogy olyan állapotba süllyed, hogy táplálnia kell, ahelyett, hogy ő táplálná

La sociedad ya no puede vivir bajo esta burguesía

A társadalom nem élhet tovább ebben a burzsoáziában

En otras palabras, su existencia ya no es compatible con la
sociedad
Más szóval, létezése már nem egyeztethető össze a
társadalommal
La condición esencial para la existencia y el dominio de la
burguesía es la formación y el aumento del capital
A burzsoázia osztály létének és befolyásának lényeges feltétele
a tőke kialakulása és gyarapítása
La condición del capital es el trabajo asalariado
A tőke feltétele a bérmunka
El trabajo asalariado se basa exclusivamente en la
competencia entre los trabajadores
A bérmunka kizárólag a munkások közötti versenyen alapul
El avance de la industria, cuyo promotor involuntario es la
burguesía, sustituye al aislamiento de los obreros
Az ipar haladása, amelynek önkéntelen támogatója a
burzsoázia, felváltja a munkások elszigeteltségét
por la competencia, por su combinación revolucionaria, por
la asociación
a verseny miatt, forradalmi kombinációjuk miatt, társulásuk
miatt
El desarrollo de la industria moderna corta bajo sus pies los
cimientos mismos sobre los cuales la burguesía produce y se
apropia de los productos
A modern ipar fejlődése kivágja lába alól azt az alapot,
amelyen a burzsoázia termékeket állít elő és sajátít ki
Lo que la burguesía produce, sobre todo, son sus propios
sepultureros
Amit a burzsoázia mindenekelőtt termel, az a saját sírásói
La caída de la burguesía y la victoria del proletariado son
igualmente inevitables
A burzsoázia bukása és a proletariátus győzelme egyaránt
elkerülhetetlen

Proletarios y comunistas
Proletárok és kommunisták

¿Qué relación tienen los comunistas con el conjunto de los proletarios?

Milyen viszonyban állnak a kommunisták a proletárok egészével?

Los comunistas no forman un partido separado opuesto a otros partidos de la clase obrera

A kommunisták nem alkotnak külön pártot a többi munkáspárttal szemben

No tienen intereses separados y aparte de los del proletariado en su conjunto

Nincsenek a proletariátus egészének érdekeitől elkülönülő érdekeik

No establecen ningún principio sectario propio, con el cual dar forma y moldear el movimiento proletario

Nem állítanak fel saját szektás elveket, amelyek alapján a proletármozgalmat alakíthatnák és formálhatnák

Los comunistas se distinguen de los demás partidos obreros sólo por dos cosas

A kommunistákat csak két dolog különbözteti meg a többi munkásosztálybeli párttól

En primer lugar, señalan y ponen en primer plano los intereses comunes de todo el proletariado, independientemente de toda nacionalidad

Először is rámutatnak és előtérbe helyezik az egész proletariátus közös érdekeit, nemzetiségre való tekintet nélkül

Esto lo hacen en las luchas nacionales de los proletarios de los diferentes países

Ezt teszik a különböző országok proletárjainak nemzeti harcaiban

En segundo lugar, siempre y en todas partes representan los intereses del movimiento en su conjunto

Másodszor, mindig és mindenhol képviselik a mozgalom egészének érdekeit

esto lo hacen en las diversas etapas de desarrollo por las que tiene que pasar la lucha de la clase obrera contra la burguesía

ezt teszik a fejlődés különböző fokain, amelyeken a munkásosztálynak a burzsoázia ellen folytatott harcának keresztül kell mennie

Los comunistas son, por lo tanto, por una parte, prácticamente, el sector más avanzado y resuelto de los partidos obreros de todos los países

A kommunisták tehát gyakorlatilag minden ország munkáspártjainak legfejlettebb és legelszántabb részét alkotják

Son ese sector de la clase obrera que empuja hacia adelante a todos los demás

Ők a munkásosztálynak az a része, amely minden mást előretol

Teóricamente, también tienen la ventaja de entender claramente la línea de marcha

Elméletileg az az előnyük is, hogy világosan megértik a menetvonalat

Esto lo comprenden mejor comparado con la gran masa del proletariado

Ezt jobban megértik, mint a proletariátus nagy tömegét

Comprenden las condiciones y los resultados generales finales del movimiento proletario

Megértik a proletármozgalom feltételeit és végső általános eredményeit

El objetivo inmediato del comunista es el mismo que el de todos los demás partidos proletarios

A kommunisták közvetlen célja ugyanaz, mint az összes többi proletár párté

Su objetivo es la formación del proletariado en una clase

Céljuk a proletariátus osztállyá alakítása

su objetivo es derrocar la supremacía burguesa

céljuk a burzsoázia felsőbbrendűségének megdöntése

la lucha por la conquista del poder político por el proletariado

törekvés a politikai hatalom proletariátus általi meghódítására
Las conclusiones teóricas de los comunistas no se basan en modo alguno en ideas o principios de reformadores
A kommunisták elméleti következtetései semmiképpen sem a reformerek eszméin vagy elvein alapulnak
no fueron los aspirantes a reformadores universales los que inventaron o descubrieron las conclusiones teóricas de los comunistas
nem a leendő egyetemes reformerek találták ki vagy fedezték fel a kommunisták elméleti következtetéseit
Se limitan a expresar, en términos generales, las relaciones reales que surgen de una lucha de clases existente
Csupán általánosságban fejezik ki a létező osztályharcból eredő tényleges viszonyokat
Y describen el movimiento histórico que está ocurriendo ante nuestros propios ojos y que ha creado esta lucha de clases
És leírják azt a történelmi mozgalmat, amely a szemünk előtt zajlik, és amely ezt az osztályharcot létrehozta
La abolición de las relaciones de propiedad existentes no es en absoluto un rasgo distintivo del comunismo
A meglévő tulajdonviszonyok eltörlése egyáltalán nem a kommunizmus megkülönböztető jellemzője
Todas las relaciones de propiedad en el pasado han estado continuamente sujetas a cambios históricos
A múltban minden tulajdonviszony folyamatosan történelmi változásoknak volt kitéve
y estos cambios fueron consecuencia del cambio en las condiciones históricas
és e változások a történelmi körülmények változásának következményei voltak
La Revolución Francesa, por ejemplo, abolió la propiedad feudal en favor de la propiedad burguesa
A francia forradalom például eltörölte a feudális tulajdont a burzsoázia tulajdonának javára

El rasgo distintivo del comunismo no es la abolición de la propiedad, en general

A kommunizmus megkülönböztető jellemzője általában nem a tulajdon eltörlése

pero el rasgo distintivo del comunismo es la abolición de la propiedad burguesa

de a kommunizmus megkülönböztető jellemzője a burzsoázia tulajdonának eltörlése

Pero la propiedad privada de la burguesía moderna es la expresión última y más completa del sistema de producción y apropiación de productos

De a modern burzsoázia magántulajdona a termékek előállítási és kisajátítási rendszerének végső és legteljesebb kifejeződése

Es el estado final de un sistema que se basa en los antagonismos de clase, donde el antagonismo de clase es la explotación de la mayoría por unos pocos

Ez egy olyan rendszer végső állapota, amely osztályellentéteken alapul, ahol az osztályantagonizmus a sokak kevesek általi kizsákmányolása

En este sentido, la teoría de los comunistas puede resumirse en una sola frase; la abolición de la propiedad privada

Ebben az értelemben a kommunisták elmélete egyetlen mondatban összefoglalható; a magántulajdon eltörlése

A los comunistas se nos ha reprochado el deseo de abolir el derecho de adquirir personalmente la propiedad

Nekünk, kommunistáknak szemünkre vetették, hogy el akarják törölni a személyes tulajdonszerzés jogát

Se afirma que esta propiedad es el fruto del propio trabajo de un hombre

Azt állítják, hogy ez a tulajdonság az ember saját munkájának gyümölcse

y se alega que esta propiedad es la base de toda libertad, actividad e independencia personal.

És ez a tulajdonság állítólag minden személyes szabadság, tevékenység és függetlenség alapja.

"¡Propiedad ganada con esfuerzo, adquirida por uno mismo, ganada por uno mismo!"

"Nehezen megszerzett, saját maga által szerzett, saját maga által megszerzett tulajdon!"

¿Te refieres a la propiedad del pequeño artesano y del pequeño campesino?

A kisiparos és a kisparaszt tulajdonára gondol?

¿Te refieres a una forma de propiedad que precedió a la forma burguesa?

Olyan tulajdonformára gondol, amely megelőzte a burzsoázia formáját?

No hay necesidad de abolir eso, el desarrollo de la industria ya lo ha destruido en gran medida

Ezt nem kell eltörölni, az ipar fejlődése már nagyrészt tönkretette

y el desarrollo de la industria sigue destruyéndola diariamente

és az ipar fejlődése még mindig naponta pusztítja

¿O te refieres a la propiedad privada de la burguesía moderna?

Vagy a modern burzsoázia magántulajdonára gondol?

Pero, ¿crea el trabajo asalariado alguna propiedad para el trabajador?

De teremt-e a bérmunka bármilyen tulajdont a munkás számára?

¡No, el trabajo asalariado no crea ni una pizca de este tipo de propiedad!

Nem, a bérmunka egy cseppet sem teremt ilyen tulajdonból!

Lo que sí crea el trabajo asalariado es capital; ese tipo de propiedad que explota el trabajo asalariado

amit a bérmunka létrehoz, az a tőke; az a fajta tulajdon, amely kizsákmányolja a bérmunkát

El capital no puede aumentar sino a condición de engendrar una nueva oferta de trabajo asalariado para una nueva explotación

A tőke csak azzal a feltétellel növekedhet, hogy új bérmunka-kínálatot teremt az új kizsákmányoláshoz
La propiedad, en su forma actual, se basa en el antagonismo entre el capital y el trabajo asalariado
A tulajdon jelenlegi formájában a tőke és a bérmunka antagonizmusán alapul
Examinemos los dos lados de este antagonismo
Vizsgáljuk meg ennek az antagonizmusnak mindkét oldalát
Ser capitalista es tener no sólo un estatus puramente personal
Kapitalistának lenni nem csak azt jelenti, hogy tisztán személyes státusszal rendelkezünk
En cambio, ser capitalista es también tener un estatus social en la producción
Ehelyett kapitalistának lenni azt is jelenti, hogy társadalmi státusszal rendelkezünk a termelésben
porque el capital es un producto colectivo; Sólo mediante la acción unida de muchos miembros puede ponerse en marcha
mert a tőke kollektív termék; Csak sok képviselő egyesült fellépésével lehet mozgásba hozni
Pero esta acción unida es el último recurso, y en realidad requiere de todos los miembros de la sociedad
De ez az egységes fellépés végső megoldás, és valójában a társadalom minden tagjára szükség van
El capital se convierte en propiedad de todos los miembros de la sociedad
A tőke a társadalom minden tagjának tulajdonává alakul
pero el Capital no es, por lo tanto, un poder personal; Es un poder social
de a Tőke ezért nem személyes hatalom; Ez egy társadalmi hatalom
Así, cuando el capital se convierte en propiedad social, la propiedad personal no se transforma en propiedad social
Tehát amikor a tőkét társadalmi tulajdonná alakítják át, a személyes tulajdon nem alakul át társadalmi tulajdonná

Lo único que cambia es el carácter social de la propiedad y pierde su carácter de clase
Csak a tulajdon társadalmi jellege változik meg, és veszíti el osztályjellegét

Veamos ahora el trabajo asalariado
Nézzük most a bérmunkát

El precio medio del trabajo asalariado es el salario mínimo, es decir, la cantidad de medios de subsistencia
A bérmunka átlagára a minimálbér, azaz a létfenntartási eszközök mennyisége

Este salario es absolutamente necesario en la mera existencia de un obrero
Ez a bér feltétlenül szükséges a puszta léthez, mint munkás

Por lo tanto, lo que el asalariado se apropia por medio de su trabajo, sólo basta para prolongar y reproducir una existencia desnuda
Amit tehát a bérmunkás munkájával kisajátít, az csupán a puszta lét meghosszabbításához és újratermeléséhez elegendő

De ninguna manera pretendemos abolir esta apropiación personal de los productos del trabajo
Semmi esetre sem áll szándékunkban megszüntetni a munkatermékeknek ezt a személyes kisajátítását

una apropiación que se hace para el mantenimiento y la reproducción de la vida humana
az emberi élet fenntartására és újratermelésére szolgáló előirányzat

Tal apropiación personal de los productos del trabajo no deja ningún excedente con el que ordenar el trabajo de otros
A munkatermékek ilyen személyes kisajátítása nem hagy többletet, amellyel mások munkáját irányíthatná

Lo único que queremos eliminar es el carácter miserable de esta apropiación
Minden, amit meg akarunk szüntetni, az ennek a kisajátításnak a nyomorúságos jellege

la apropiación bajo la cual vive el obrero sólo para aumentar el capital

az a kisajátítás, amely alatt a munkavállaló él, pusztán tőkeemelés céljából

Sólo se le permite vivir en la medida en que lo exija el interés de la clase dominante

csak addig élhet, ameddig az uralkodó osztály érdekei megkívánják

En la sociedad burguesa, el trabajo vivo no es más que un medio para aumentar el trabajo acumulado

A burzsoázia társadalmában az élő munka csak eszköz a felhalmozott munka növelésére

En la sociedad comunista, el trabajo acumulado no es más que un medio para ampliar, para enriquecer y para promover la existencia del obrero

A kommunista társadalomban a felhalmozott munka nem más, mint eszköz a munkás kiszélesítésére, gazdagítására, létének előmozdítására

En la sociedad burguesa, por lo tanto, el pasado domina al presente

A burzsoázia társadalmában tehát a múlt uralja a jelent

en la sociedad comunista el presente domina al pasado

a kommunista társadalomban a jelen uralja a múltat

En la sociedad burguesa el capital es independiente y tiene individualidad

A burzsoázia társadalmában a tőke független és egyénisége van

En la sociedad burguesa la persona viva es dependiente y no tiene individualidad

A burzsoázia társadalmában az élő személy függő és nincs egyénisége

¡Y la abolición de este estado de cosas es llamada por la burguesía, abolición de la individualidad y de la libertad!

És ennek az állapotnak az eltörlését a burzsoázia az egyéniség és a szabadság megszüntetésének nevezi!

¡Y con razón se llama la abolición de la individualidad y de la libertad!

És joggal nevezik az egyéniség és a szabadság eltörlésének!

El comunismo aspira a la abolición de la individualidad burguesa

A kommunizmus célja a burzsoázia individualitásának megszüntetése

El comunismo pretende la abolición de la independencia burguesa

A kommunizmus meg akarja szüntetni a burzsoázia függetlenségét

La libertad burguesa es, sin duda, a lo que aspira el comunismo

A burzsoázia szabadsága kétségtelenül az, amire a kommunizmus törekszik

en las actuales condiciones de producción de la burguesía, la libertad significa libre comercio, libre venta y compra

a burzsoázia jelenlegi termelési viszonyai között a szabadság szabad kereskedelmet, szabad eladást és vásárlást jelent

Pero si desaparece la venta y la compra, también desaparece la libre venta y la compra

De ha az adásvétel eltűnik, a szabad eladás és vásárlás is eltűnik

Las "palabras valientes" de la burguesía sobre la libre venta y compra sólo tienen sentido en un sentido limitado

A burzsoázia "bátor szavainak" a szabad adásvételről csak korlátozott értelemben van értelmük

Estas palabras tienen significado solo en contraste con la venta y la compra restringidas

Ezeknek a szavaknak csak a korlátozott eladással és vásárlással ellentétben van jelentésük

y estas palabras sólo tienen sentido cuando se aplican a los comerciantes encadenados de la Edad Media

és ezeknek a szavaknak csak akkor van jelentésük, ha a középkor megbéklyózott kereskedőire alkalmazzák őket

y eso supone que estas palabras incluso tienen un significado en un sentido burgués

és ez feltételezi, hogy ezeknek a szavaknak burzsoázia értelemben is van jelentésük

pero estas palabras no tienen ningún significado cuando se usan para oponerse a la abolición comunista de la compra y venta

de ezeknek a szavaknak nincs jelentésük, amikor a vétel és eladás kommunista eltörlése ellen használják őket

las palabras no tienen sentido cuando se usan para oponerse a la abolición de las condiciones de producción de la burguesía

a szavaknak nincs értelmük, amikor a burzsoázia termelési feltételeinek eltörlése ellen használják őket

y no tienen ningún sentido cuando se utilizan para oponerse a la abolición de la propia burguesía

és nincs értelmük, amikor a burzsoázia felszámolása ellen használják őket

Ustedes están horrorizados de nuestra intención de acabar con la propiedad privada

Elborzadsz attól, hogy meg akarjuk szüntetni a magántulajdont

Pero en la sociedad actual, la propiedad privada ya ha sido eliminada para las nueve décimas partes de la población

De a jelenlegi társadalmatokban a magántulajdon már megszűnt a lakosság kilenctizede számára

La existencia de la propiedad privada para unos pocos se debe únicamente a su inexistencia en manos de las nueve décimas partes de la población

A kevesek magántulajdonának létezése kizárólag annak köszönhető, hogy a lakosság kilenctizedének kezében nem létezik

Por lo tanto, nos reprochas que pretendamos acabar con una forma de propiedad

Ön tehát szemünkre veti, hogy meg akar szüntetni egy tulajdonformát

Pero la propiedad privada requiere la inexistencia de propiedad alguna para la inmensa mayoría de la sociedad

De a magántulajdon szükségessé teszi, hogy a társadalom túlnyomó többsége számára semmilyen tulajdon ne létezzen

En una palabra, nos reprochas que pretendamos acabar con tu propiedad

Egyszóval szemrehányást tesz nekünk, hogy meg akarjuk szüntetni a tulajdonát

Y es precisamente así; prescindir de su propiedad es justo lo que pretendemos

És pontosan így van; Az ingatlan megszüntetése pontosan az, amit szándékozunk

Desde el momento en que el trabajo ya no puede convertirse en capital, dinero o renta

Attól a pillanattól kezdve, amikor a munkát már nem lehet tőkévé, pénzzé vagy bérleti díjjá alakítani

cuando el trabajo ya no puede convertirse en un poder social capaz de ser monopolizado

amikor a munkát már nem lehet monopolizálható társadalmi hatalommá alakítani

desde el momento en que la propiedad individual ya no puede transformarse en propiedad burguesa

attól a pillanattól kezdve, amikor az egyéni tulajdon már nem alakítható át burzsoázia tulajdonná

desde el momento en que la propiedad individual ya no puede transformarse en capital

attól a pillanattól kezdve, amikor az egyéni tulajdont már nem lehet tőkévé alakítani

A partir de ese momento, dices que la individualidad se desvanece

Ettől a pillanattól kezdve azt mondod, hogy az egyéniség eltűnik

Debéis confesar, pues, que por "individuo" no os referimos a otra persona que a la burguesía

Meg kell tehát vallani, hogy "egyén" alatt nem mást értünk, mint a burzsoáziát

Debes confesar que se refiere específicamente al propietario de una propiedad de clase media

Be kell vallania, hogy kifejezetten a középosztálybeli ingatlantulajdonosra vonatkozik

Esta persona debe, en verdad, ser barrida del camino, y hecha imposible

Ezt az embert valóban el kell söpörni az útból, és lehetetlenné kell tenni

El comunismo no priva a ningún hombre del poder de apropiarse de los productos de la sociedad

A kommunizmus senkit sem foszt meg attól a hatalomtól, hogy kisajátítsa a társadalom termékeit

todo lo que hace el comunismo es privarlo del poder de subyugar el trabajo de otros por medio de tal apropiación

a kommunizmus mindössze annyit tesz, hogy megfosztja őt attól a hatalomtól, hogy ilyen kisajátítással leigázza mások munkáját

Se ha objetado que, tras la abolición de la propiedad privada, cesará todo trabajo

Ellenvetésként elhangzott, hogy a magántulajdon eltörlésével minden munka megszűnik

y entonces se sugiere que la pereza universal se apoderará de nosotros

És akkor azt sugallják, hogy az egyetemes lustaság utolér minket

De acuerdo con esto, la sociedad burguesa debería haber ido hace mucho tiempo a los perros por pura ociosidad

Eszerint a burzsoázia társadalmának már régen puszta semmittevéssel kellett volna a kutyákhoz mennie

porque los de sus miembros que trabajan, no adquieren nada

mert azok a tagjai, akik dolgoznak, semmit sem szereznek

y los de sus miembros que adquieren algo, no trabajan

és azok a tagjai, akik bármit megszerznek, nem dolgoznak

Toda esta objeción no es más que otra expresión de la tautología

Az egész ellenvetés csak a tautológia egy másik kifejeződése

Ya no puede haber trabajo asalariado cuando ya no hay capital

Nem létezhet többé bérmunka, ha nincs többé tőke

No hay diferencia entre los productos materiales y los productos mentales

Nincs különbség az anyagi termékek és a mentális termékek között

El comunismo propone que ambos se producen de la misma manera

A kommunizmus azt javasolja, hogy mindkettőt ugyanúgy állítsák elő

pero las objeciones contra los modos comunistas de producirlos son las mismas

de az ellenvetések ezek előállításának kommunista módjai ellen ugyanazok

para la burguesía, la desaparición de la propiedad de clase es la desaparición de la producción misma

a burzsoázia számára az osztálytulajdon eltűnése magának a termelésnek az eltűnése;

De modo que la desaparición de la cultura de clase es para él idéntica a la desaparición de toda cultura

Tehát az osztálykultúra eltűnése számára azonos minden kultúra eltűnésével

Esa cultura, cuya pérdida lamenta, es para la inmensa mayoría un mero entrenamiento para actuar como una máquina

Ez a kultúra, amelynek elvesztését fájlalja, a hatalmas többség számára puszta képzés arra, hogy gépként működjön

Los comunistas tienen la firme intención de abolir la cultura de la propiedad burguesa

A kommunisták nagyon is meg akarják szüntetni a burzsoázia tulajdonának kultúráját

Pero no discutan con nosotros mientras apliquen el estándar de sus nociones burguesas de libertad, cultura, ley, etc

De ne civakodj velünk mindaddig, amíg alkalmazod burzsoáziád szabadságról, kultúráról, jogról stb. alkotott fogalmainak mércéjét

Vuestras mismas ideas no son más que el resultado de las condiciones de la producción burguesa y de la propiedad burguesa

Az Önök eszméi csak a burzsoázia termelése és a burzsoázia tulajdona feltételeinek kinövései

del mismo modo que vuestra jurisprudencia no es más que la voluntad de vuestra clase convertida en ley para todos

Mint ahogy a jogtudományotok is más, mint osztályotok akarata, amelyet mindenki számára törvénnyé tettek

El carácter esencial y la dirección de esta voluntad están determinados por las condiciones económicas que crea su clase social

Ennek az akaratnak a lényegi jellegét és irányát azok a gazdasági feltételek határozzák meg, amelyeket társadalmi osztályotok teremt

El concepto erróneo egoísta que te induce a transformar las formas sociales en leyes eternas de la naturaleza y de la razón

Az önző tévhit, amely arra késztet benneteket, hogy a társadalmi formákat a természet és az értelem örök törvényeivé alakítsátok át

las formas sociales que brotan de vuestro actual modo de producción y de vuestra forma de propiedad

a jelenlegi termelési módotokból és tulajdonformátokból eredő társadalmi formák

relaciones históricas que surgen y desaparecen en el progreso de la producción

történelmi kapcsolatok, amelyek emelkednek és eltűnnek a termelés előrehaladásában

Este concepto erróneo lo compartes con todas las clases dominantes que te han precedido

Ezt a tévhitet osztjátok meg minden uralkodó osztállyal, amely előttetek volt

Lo que se ve claramente en el caso de la propiedad antigua, lo que se admite en el caso de la propiedad feudal

Amit világosan látsz az ősi tulajdon esetében, amit elismersz a feudális tulajdon esetében

estas cosas, por supuesto, le está prohibido admitir en el caso de su propia forma burguesa de propiedad

ezeket a dolgokat természetesen tilos beismerni saját burzsoázia tulajdonformád esetében

¡Abolición de la familia! Hasta los más radicales estallan ante esta infame propuesta de los comunistas

A család megszüntetése! Még a legradikálisabbak is fellángolnak a kommunistáknak ezen a hírhedt javaslatán

¿Sobre qué base se asienta la familia actual, la familia Bourgeoisie?

Milyen alapokra épül a jelenlegi család, a burzsoázia család?

La base de la familia actual se basa en el capital y la ganancia privada

A jelenlegi család alapja a tőke és a személyes nyereség

En su forma completamente desarrollada, esta familia sólo existe entre la burguesía

Teljesen fejlett formájában ez a család csak a burzsoázia körében létezik

Este estado de cosas encuentra su complemento en la ausencia práctica de la familia entre los proletarios

Ez a helyzet kiegészíti a család gyakorlati hiányát a proletárok között

Este estado de cosas se puede encontrar en la prostitución pública

Ez a helyzet megtalálható a nyilvános prostitúcióban

La familia Bourgeoisie se desvanecerá como algo natural cuando su complemento se desvanezca

A burzsoázia családja magától értetődően el fog tűnni, ha a komplementer eltűnik

y ambos se desvanecerán con la desaparición del capital

és mindkét akarat el fog tűnni a tőke eltűnésével

¿Nos acusan de querer detener la explotación de los niños por parte de sus padres?

Azzal vádolnak bennünket, hogy meg akarjuk állítani a gyermekek szüleik általi kizsákmányolását?

De este crimen nos declaramos culpables

Ebben a bűntettben bűnösnek valljuk magunkat

Pero, dirás, destruimos la más sagrada de las relaciones, cuando reemplazamos la educación en el hogar por la educación social

De azt fogják mondani, hogy elpusztítjuk a legszentebb kapcsolatokat, amikor az otthoni oktatást társadalmi neveléssel helyettesítjük

¿No es también social su educación? ¿Y no está determinado por las condiciones sociales en las que se educa?

Az Ön oktatása nem is szociális? És nem azok a társadalmi feltételek határozzák meg, amelyek között oktatsz?

por la intervención, directa o indirecta, de la sociedad, por medio de las escuelas, etc.

a társadalom közvetlen vagy közvetett beavatkozásával, iskolák stb. révén.

Los comunistas no han inventado la intervención de la sociedad en la educación

Nem a kommunisták találták fel a társadalom beavatkozását az oktatásba

lo único que pretenden es alterar el carácter de esa intervención

csak arra törekszenek, hogy megváltoztassák e beavatkozás jellegét

y buscan rescatar la educación de la influencia de la clase dominante

és arra törekszenek, hogy megmentsék az oktatást az uralkodó osztály befolyásától

La burguesía habla de la sagrada correlación entre padres e hijos

A burzsoázia beszél a szülő és a gyermek megszentelt kapcsolatáról

pero esta trampa sobre la familia y la educación se vuelve aún más repugnante cuando miramos a la industria moderna

de ez a tapscsapda a családról és az oktatásról még
undorítóbbá válik, ha a modern ipart nézzük
**Todos los lazos familiares entre los proletarios son
desgarrados por la industria moderna**
A proletárok között minden családi köteléket szétszakít a
modern ipar
**Sus hijos se transforman en simples artículos de comercio e
instrumentos de trabajo**
Gyermekeik egyszerű kereskedelmi cikkekké és
munkaeszközökké válnak
**Pero vosotros, los comunistas, creáis una comunidad de
mujeres, grita a coro toda la burguesía**
De ti, kommunisták, nőközösséget hoznátok létre, kiáltja
kórusban az egész burzsoázia
**La burguesía ve en su mujer un mero instrumento de
producción**
A burzsoázia a feleségében puszta termelési eszközt lát
**Oye que los instrumentos de producción deben ser
explotados por todos**
Hallja, hogy a termelőeszközöket mindenkinek ki kell
használnia
**Y, naturalmente, no puede llegar a otra conclusión que la de
que la suerte de ser común a todos recaerá igualmente en las
mujeres**
és természetesen nem vonhat le más következtetést, mint hogy
a mindenki számára közös sors hasonlóképpen a nőkre hárul
**Ni siquiera sospecha que el verdadero objetivo es acabar con
la condición de la mujer como meros instrumentos de
producción**
Még csak sejtelme sincs arról, hogy a valódi cél a nők puszta
termelési eszközként betöltött státuszának felszámolása
**Por lo demás, nada es más ridículo que la virtuosa
indignación de nuestra burguesía contra la comunidad de
mujeres**
Ami a többit illeti, semmi sem nevetségesebb, mint
burzsoáziánk erényes felháborodása a nők közössége iránt

pretenden que sea abierta y oficialmente establecida por los comunistas

úgy tesznek, mintha a kommunisták nyíltan és hivatalosan létrehoznák

Los comunistas no tienen necesidad de introducir la comunidad de mujeres, ha existido casi desde tiempos inmemoriales

A kommunistáknak nincs szükségük a női közösség bevezetésére, szinte időtlen idők óta létezik

Nuestra burguesía no se contenta con tener a su disposición a las mujeres e hijas de sus proletarios

Burzsoáziánk nem elégszik meg azzal, hogy proletárjainak feleségei és leányai a rendelkezésükre állnak

Tienen el mayor placer en seducir a las esposas de los demás

A legnagyobb örömüket lelik egymás feleségének elcsábításában

Y eso sin hablar de las prostitutas comunes

És akkor még nem is beszéltünk a közönséges prostituáltakról

El matrimonio burgués es en realidad un sistema de esposas en común

A burzsoázia házassága valójában közös feleségrendszer

entonces hay una cosa que se podría reprochar a los comunistas

aztán van egy dolog, amivel a kommunistáknak esetleg szemrehányást tehetnek;

Desean introducir una comunidad de mujeres abiertamente legalizada

Nyíltan legalizált női közösséget kívánnak bevezetni

en lugar de una comunidad de mujeres hipócritamente oculta

a nők képmutatóan eltitkolt közössége helyett

la comunidad de mujeres que surgen del sistema de producción

A termelési rendszerből fakadó női közösség

abolid el sistema de producción y abolid la comunidad de mujeres

Szüntessék meg a termelési rendszert, és szüntessék meg a nők közösségét

Se suprime la prostitución pública y la prostitución privada

mind az állami prostitúciót, mind a magánprostitúciót eltörlik

A los comunistas se les reprocha, además, que desean abolir los países y las nacionalidades

A kommunistáknak még több szemrehányást tesznek azzal, hogy országokat és nemzetiségeket akarnak eltörölni

Los trabajadores no tienen patria, así que no podemos quitarles lo que no tienen

A dolgozóknak nincs hazájuk, ezért nem vehetjük el tőlük azt, amijük nem volt

El proletariado debe, ante todo, adquirir la supremacía política

A proletariátusnak mindenekelőtt politikai fölényre kell szert tennie

El proletariado debe elevarse para ser la clase dirigente de la nación

A proletariátusnak a nemzet vezető osztályává kell válnia

El proletariado debe constituirse en la nación

A proletariátusnak nemzetté kell válnia

es, hasta ahora, nacional, aunque no en el sentido burgués de la palabra

eddig maga is nemzeti, bár nem a szó burzsoázia értelmében

Las diferencias nacionales y los antagonismos entre los pueblos desaparecen cada día más

A népek közötti nemzeti különbségek és ellentétek napról napra egyre inkább eltűnnek

debido al desarrollo de la burguesía, a la libertad de comercio, al mercado mundial

a burzsoázia fejlődése, a kereskedelem szabadsága, a világpiac révén

a la uniformidad en el modo de producción y en las condiciones de vida correspondientes

a termelési mód és az annak megfelelő életfeltételek egységessége

La supremacía del proletariado hará que desaparezcan aún más rápidamente
A proletariátus felsőbbrendűsége miatt még gyorsabban el fognak tűnni
La acción unida, al menos de los principales países civilizados, es una de las primeras condiciones para la emancipación del proletariado
A proletariátus emancipációjának egyik első feltétele az egyesült cselekvés, legalábbis a vezető civilizált országok részéről
En la medida en que se ponga fin a la explotación de un individuo por otro, también se pondrá fin a la explotación de una nación por otra.
Amilyen mértékben véget vetünk az egyik egyén kizsákmányolásának a másik által, olyan mértékben szűnik meg az egyik nemzet kizsákmányolása a másik által
A medida que desaparezca el antagonismo entre las clases dentro de la nación, la hostilidad de una nación hacia otra llegará a su fin
Amilyen mértékben eltűnik a nemzeten belüli osztályok közötti ellentét, olyan mértékben szűnik meg az egyik nemzet ellenségessége a másikkal szemben
Las acusaciones contra el comunismo hechas desde un punto de vista religioso, filosófico y, en general, ideológico, no merecen un examen serio
A kommunizmus ellen vallási, filozófiai és általában ideológiai szempontból felhozott vádak nem érdemelnek komoly vizsgálatot
¿Se requiere una intuición profunda para comprender que las ideas, puntos de vista y concepciones del hombre cambian con cada cambio en las condiciones de su existencia material?
Mély intuícióra van-e szükség annak megértéséhez, hogy az ember eszméi, nézetei és elképzelései anyagi léte feltételeinek minden változásával változnak?

¿No es obvio que la conciencia del hombre cambia cuando cambian sus relaciones sociales y su vida social?

Nem nyilvánvaló-e, hogy az ember tudata megváltozik, amikor társadalmi kapcsolatai és társadalmi élete megváltozik?

¿Qué otra cosa prueba la historia de las ideas sino que la producción intelectual cambia de carácter a medida que cambia la producción material?

Mi mást bizonyít az eszmetörténet, mint azt, hogy a szellemi termelés az anyagi termelés változásával arányosan változtatja meg jellegét?

Las ideas dominantes de cada época han sido siempre las ideas de su clase dominante

Minden korszak uralkodó eszméi mindig is az uralkodó osztály eszméi voltak

Cuando se habla de ideas que revolucionan la sociedad, no hace más que expresar un hecho

Amikor az emberek olyan eszmékről beszélnek, amelyek forradalmasítják a társadalmat, csak egy tényt fejeznek ki

Dentro de la vieja sociedad, se han creado los elementos de una nueva

A régi társadalomban egy új elemei jöttek létre

y que la disolución de las viejas ideas sigue el mismo ritmo que la disolución de las viejas condiciones de existencia

és hogy a régi eszmék felbomlása lépést tart a régi létfeltételek felbomlásával

Cuando el mundo antiguo estaba en sus últimos estertores, las religiones antiguas fueron vencidas por el cristianismo

Amikor az ókori világ utolsó tusáját élte, az ősi vallásokat legyőzte a kereszténység

Cuando las ideas cristianas sucumbieron en el siglo XVIII a las ideas racionalistas, la sociedad feudal libró su batalla a muerte contra la burguesía revolucionaria de entonces

Amikor a keresztény eszmék a 18. században megadták magukat a racionalista eszméknek, a feudális társadalom megvívta halálos csatáját az akkori forradalmi burzsoáziával

Las ideas de la libertad religiosa y de la libertad de conciencia no hacían más que expresar el dominio de la libre competencia en el dominio del conocimiento

A vallásszabadság és a lelkiismereti szabadság eszméi csupán a tudás területén belüli szabad verseny uralmát fejezték ki

"Indudablemente", se dirá, "las ideas religiosas, morales, filosóficas y jurídicas se han modificado en el curso del desarrollo histórico"

"Kétségtelen – mondják majd –, hogy a vallási, erkölcsi, filozófiai és jogi elképzelések a történelmi fejlődés során módosultak

"Pero la religión, la filosofía de la moral, la ciencia política y el derecho, sobrevivieron constantemente a este cambio"

"De a vallás, az erkölcs, a filozófia, a politikatudomány és a jog folyamatosan túlélte ezt a változást"

"También hay verdades eternas, como la Libertad, la Justicia, etc."

"Vannak örök igazságok is, mint például a szabadság, az igazságosság stb."

"Estas verdades eternas son comunes a todos los estados de la sociedad"

"Ezek az örök igazságok közösek a társadalom minden állapotában"

"Pero el comunismo suprime las verdades eternas, suprime toda religión y toda moral"

"De a kommunizmus eltörli az örök igazságokat, eltöröl minden vallást és minden erkölcsöt"

"Lo hace en lugar de constituirlos sobre una nueva base"

"Ezt teszi ahelyett, hogy új alapokra helyezné őket"

"Por lo tanto, actúa en contradicción con toda la experiencia histórica pasada"

"Ezért ellentmond minden múltbeli történelmi tapasztalatnak"

¿A qué se reduce esta acusación?

Mire redukálódik ez a vád?

La historia de toda la sociedad pasada ha consistido en el desarrollo de antagonismos de clase

Az összes múltbeli társadalom története az osztályellentétek kialakulásában állt

antagonismos que asumieron diferentes formas en diferentes épocas

antagonizmusok, amelyek különböző korszakokban különböző formákat öltöttek

Pero cualquiera que sea la forma que hayan tomado, un hecho es común a todas las épocas pasadas

De bármilyen formát öltsenek is, egy tény közös minden elmúlt korszakban

la explotación de una parte de la sociedad por la otra

a társadalom egyik részének kizsákmányolása a másik által;

No es de extrañar, pues, que la conciencia social de épocas pasadas se mueva dentro de ciertas formas comunes o ideas generales

Nem csoda tehát, hogy az elmúlt korok társadalmi tudata bizonyos közös formákon vagy általános eszméken belül mozog

(y eso a pesar de toda la multiplicidad y variedad que muestra)

(és ez annak ellenére van, hogy milyen sokféle és változatos képet mutat)

y éstos no pueden desaparecer por completo sino con la desaparición total de los antagonismos de clase

és ezek csak az osztályellentétek teljes eltűnésével tűnhetnek el teljesen;

La revolución comunista es la ruptura más radical con las relaciones tradicionales de propiedad

A kommunista forradalom a legradikálisabb szakítás a hagyományos tulajdonviszonyokkal

No es de extrañar que su desarrollo implique la ruptura más radical con las ideas tradicionales

Nem csoda, hogy fejlődése a legradikálisabb szakítást jelenti a hagyományos eszmékkel

Pero dejemos de lado las objeciones de la burguesía al comunismo

De végezzünk a burzsoáziának a kommunizmussal szembeni
ellenvetéseivel
**Hemos visto más arriba el primer paso de la revolución de la
clase obrera**
Láttuk fent a munkásosztály forradalmának első lépését
**Hay que elevar al proletariado a la posición de gobernante,
para ganar la batalla de la democracia**
A proletariátust uralkodó pozícióba kell emelni, hogy
megnyerje a demokrácia csatáját
**El proletariado utilizará su supremacía política para
arrebatar, poco a poco, todo el capital a la burguesía**
A proletariátus arra fogja használni politikai
felsőbbrendűségét, hogy fokozatosan kiragadja az összes tőkét
a burzsoáziából
**centralizará todos los instrumentos de producción en manos
del Estado**
központosítja az összes termelőeszközt az állam kezében
**En otras palabras, el proletariado organizado como clase
dominante**
Más szóval, a proletariátus uralkodó osztályként szerveződött
**y aumentará el total de las fuerzas productivas lo más
rápidamente posible**
és a lehető leggyorsabban növelni fogja a termelőerők
összességét
**Por supuesto, al principio, esto no puede llevarse a cabo sino
por medio de incursiones despóticas en los derechos de
propiedad**
Természetesen kezdetben ez csak a tulajdonjogok despotikus
megsértésével érhető el
**y tiene que lograrse en las condiciones de la producción
burguesa**
és ezt a burzsoázia termelésének feltételei mellett kell elérni
**Por lo tanto, se logra mediante medidas que parecen
económicamente insuficientes e insostenibles**
ezért olyan intézkedésekkel érhető el, amelyek gazdaságilag
elégtelennek és tarthatatlannak tűnnek

pero estos medios, en el curso del movimiento, se superan a sí mismos
De ezek az eszközök a mozgalom során meghaladják magukat
Requieren nuevas incursiones en el viejo orden social
szükségessé teszik a régi társadalmi rend további megsértését
y son ineludibles como medio de revolucionar por completo el modo de producción
és elkerülhetetlenek, mint a termelési mód teljes forradalmasításának eszközei
Por supuesto, estas medidas serán diferentes en los distintos países
Ezek az intézkedések természetesen eltérőek lesznek a különböző országokban
Sin embargo, en los países más avanzados, lo siguiente será de aplicación bastante general
Mindazonáltal a legfejlettebb országokban a következők meglehetősen általánosan alkalmazhatók
1. Abolición de la propiedad de la tierra y aplicación de todas las rentas de la tierra a fines públicos.
1. A földtulajdon megszüntetése és minden földbérlet közcélokra történő alkalmazása.
2. Un fuerte impuesto progresivo o gradual sobre la renta.
2. Súlyos progresszív vagy sávos jövedelemadó.
3. Abolición de todo derecho de herencia.
3. Minden öröklési jog eltörlése.
4. Confiscación de los bienes de todos los emigrantes y rebeldes.
4. Az összes kivándorló és lázadó vagyonának elkobzása.
5. Centralización del crédito en manos del Estado, por medio de un banco nacional de capital estatal y monopolio exclusivo.
5. A hitel központosítása az állam kezében, állami tőkével és kizárólagos monopóliummal rendelkező nemzeti bank révén.
6. Centralización de los medios de comunicación y transporte en manos del Estado.

6. A kommunikációs és közlekedési eszközök központosítása az állam kezében.

7. Ampliación de fábricas e instrumentos de producción propiedad del Estado

7. Az állam tulajdonában lévő gyárak és termelőeszközök bővítése

la puesta en cultivo de tierras baldías y el mejoramiento del suelo en general de acuerdo con un plan común.

a parlagon heverő területek művelés alá vonása és általában a talaj javítása egy közös terv szerint.

8. Igual responsabilidad de todos hacia el trabajo

8. Mindenki egyenlő felelősséggel tartozik a munkával szemben

Establecimiento de ejércitos industriales, especialmente para la agricultura.

Ipari hadseregek létrehozása, különösen a mezőgazdaság számára.

9. Combinación de la agricultura con las industrias manufactureras

9. A mezőgazdaság és a feldolgozóipar összekapcsolása

Abolición gradual de la distinción entre la ciudad y el campo, por una distribución más equitativa de la población en todo el país.

a város és a falu közötti megkülönböztetés fokozatos megszüntetése a lakosság egyenlőbb eloszlásával az országban.

10. Educación gratuita para todos los niños en las escuelas públicas.

10. Ingyenes oktatás minden gyermek számára az állami iskolákban.

Abolición del trabajo infantil en las fábricas en su forma actual

A gyermekek gyári munkájának eltörlése jelenlegi formájában

Combinación de la educación con la producción industrial

Az oktatás és az ipari termelés kombinációja

Cuando, en el curso del desarrollo, las distinciones de clase han desaparecido

Amikor a fejlődés során eltűntek az osztálykülönbségek

y cuando toda la producción se ha concentrado en manos de una vasta asociación de toda la nación

és amikor minden termelés az egész nemzet hatalmas szövetségének kezében összpontosult

entonces el poder público perderá su carácter político

Akkor a közhatalom elveszíti politikai jellegét

El poder político, propiamente dicho, no es más que el poder organizado de una clase para oprimir a otra

A politikai hatalom, helyesen így nevezve, nem más, mint az egyik osztály szervezett hatalma a másik elnyomására

Si el proletariado, en su lucha contra la burguesía, se ve obligado, por la fuerza de las circunstancias, a organizarse como clase

Ha a proletariátus a burzsoáziával folytatott harca során a körülmények erejénél fogva arra kényszerül, hogy osztályként szerveződjön

si, por medio de una revolución, se convierte en la clase dominante

ha forradalom útján uralkodó osztállyá teszi magát

y, como tal, barre por la fuerza las viejas condiciones de producción

és mint ilyen, erőszakkal elsöpri a termelés régi feltételeit

entonces, junto con estas condiciones, habrá barrido las condiciones para la existencia de los antagonismos de clase y de las clases en general

akkor ezekkel a feltételekkel együtt elsöpörte volna az osztályellentétek és általában az osztályok létezésének feltételeit

y con ello habrá abolido su propia supremacía como clase.

és ezáltal eltörli saját felsőbbrendűségét, mint osztályt.

En lugar de la vieja sociedad burguesa, con sus clases y sus antagonismos de clase, tendremos una asociación

A régi burzsoázia társadalma helyett, annak osztályaival és osztályellentéteivel, egyesületünk lesz
una asociación en la que el libre desarrollo de cada uno sea la condición para el libre desarrollo de todos
olyan társulás, amelyben mindenki szabad fejlődése mindenki szabad fejlődésének feltétele

1) Socialismo reaccionario
1) Reakciós szocializmus

a) Socialismo feudal
a) Feudális szocializmus

las aristocracias de Francia e Inglaterra tenían una posición histórica única
Franciaország és Anglia arisztokráciái egyedülálló történelmi helyzetben voltak
se convirtió en su vocación escribir panfletos contra la sociedad burguesa moderna
hivatásukká vált, hogy röpiratokat írjanak a modern burzsoázia társadalma ellen
En la Revolución Francesa de julio de 1830 y en la agitación reformista inglesa
Az 1830. júliusi francia forradalomban és az angol reformagitációban
Estas aristocracias sucumbieron de nuevo ante el odioso advenedizo
Ezek az arisztokráciák ismét megadták magukat a gyűlöletes felemelkedésnek
A partir de entonces, una contienda política seria quedó totalmente fuera de discusión
Ettől kezdve a komoly politikai versengés szóba sem jöhetett
Todo lo que quedaba posible era una batalla literaria, no una batalla real
Csak irodalmi csata maradt lehetséges, nem tényleges csata
Pero incluso en el dominio de la literatura, los viejos gritos del período de la restauración se habían vuelto imposibles
De még az irodalom területén is lehetetlenné váltak a restauráció korának régi kiáltásai
Para despertar simpatías, la aristocracia se vio obligada a perder de vista, aparentemente, sus propios intereses
Az együttérzés felkeltése érdekében az arisztokrácia kénytelen volt szem elől téveszteni, nyilvánvalóan saját érdekeiket

y se vieron obligados a formular su acusación contra la burguesía en interés de la clase obrera explotada

és kénytelenek voltak a burzsoázia elleni vádiratukat a kizsákmányolt munkásosztály érdekében megfogalmazni

Así, la aristocracia se vengó cantando sátiras a su nuevo amo

Így az arisztokrácia bosszút állt azzal, hogy gúnyolódásokat énekelt új mesterüknek

y se vengaron susurrándole al oído siniestras profecías de catástrofe venidera

És bosszút álltak azzal, hogy baljós próféciákat suttogtak a fülébe a közelgő katasztrófáról

De esta manera surgió el socialismo feudal: mitad lamentación, mitad sátira

Így jött létre a feudális szocializmus: félig siránkozás, félig gúnyolódás

Sonaba como medio eco del pasado y proyectaba mitad amenaza del futuro

félig a múlt visszhangjaként hangzott, félig pedig a jövő fenyegetéseként

a veces, con su crítica amarga, ingeniosa e incisiva, golpeó a la burguesía hasta la médula

olykor keserű, szellemes és éles kritikájával szívvel-lélekkel sújtotta a burzsoáziát

pero siempre fue ridículo en su efecto, por su total incapacidad para comprender la marcha de la historia moderna

de mindig nevetséges volt a hatása, mivel teljesen képtelen volt megérteni a modern történelem menetét

La aristocracia, con el fin de atraer al pueblo hacia ellos, agitaba la bolsa de limosnas proletaria delante como una bandera

Az arisztokrácia, hogy összegyűjtse az embereket, a proletár alamizsnazsákot egy zászló előtt intette

Pero el pueblo, tan a menudo como se unía a ellos, veía en sus cuartos traseros los antiguos escudos de armas feudales

De a nép, olyan gyakran, amikor csatlakozott hozzájuk, látta a
hátsó negyedükön a régi feudális címereket
y desertaron con carcajadas ruidosas e irreverentes
és hangos és tiszteletlen nevetéssel dezertáltak
**Un sector de los legitimistas franceses y de la "Joven
Inglaterra" exhibió este espectáculo**
A francia legitimisták és az "Ifjú Anglia" egyik szekciója
kiállította ezt a látványt
**los feudales señalaban que su modo de explotación era
diferente al de la burguesía**
a feudalisták rámutattak, hogy kizsákmányolási módjuk
különbözik a burzsoáziáétól
**Los feudales olvidan que explotaron en circunstancias y
condiciones muy diferentes**
A feudalisták elfelejtik, hogy egészen más körülmények között
és körülmények között használták ki
**Y no se dieron cuenta de que tales métodos de explotación
ahora son anticuados**
És nem vették észre, hogy az ilyen kizsákmányolási
módszerek ma már elavultak
**demostraron que, bajo su gobierno, el proletariado moderno
nunca existió**
Megmutatták, hogy uralmuk alatt a modern proletariátus soha
nem létezett
**pero olvidan que la burguesía moderna es el vástago
necesario de su propia forma de sociedad**
de elfelejtik, hogy a modern burzsoázia saját társadalmi
formájának szükséges utódja
**Por lo demás, apenas ocultan el carácter reaccionario de su
crítica**
Egyébként aligha rejtik véka alá kritikájuk reakciós jellegét
su principal acusación contra la burguesía es la siguiente
fő vádjuk a burzsoázia ellen a következő:
**bajo el régimen de la burguesía se está desarrollando una
clase social**
a burzsoázia uralma alatt társadalmi osztály alakul ki

Esta clase social está destinada a cortar de raíz el viejo orden de la sociedad

Ennek a társadalmi osztálynak az a rendeltetése, hogy gyökerestül szétzúzza a társadalom régi rendjét

Lo que reprochan a la burguesía no es tanto que cree un proletariado

Nem annyira azzal nevelik a burzsoáziát, hogy proletariátust teremt

lo que reprochan a la burguesía es más bien que crea un proletariado revolucionario

amivel a burzsoáziát nevelik, az inkább az, hogy forradalmi proletariátust hoz létre

En la práctica política, por lo tanto, se unen a todas las medidas coercitivas contra la clase obrera

A politikai gyakorlatban ezért csatlakoznak a munkásosztály elleni minden kényszerítő intézkedéshez

Y en la vida ordinaria, a pesar de sus frases altisonantes, se inclinan a recoger las manzanas de oro que caen del árbol de la industria

És a hétköznapi életben, magas falutin kifejezéseik ellenére, lehajolnak, hogy felvegyék az ipar fájáról leesett aranyalmákat

y trocan la verdad, el amor y el honor por el comercio de lana, azúcar de remolacha y aguardiente de patata

és elcserélik az igazságot, a szeretetet és a becsületet a gyapjú-, céklacukor- és burgonyapárlat kereskedelméért

Así como el párroco ha ido siempre de la mano con el terrateniente, así también lo ha hecho el socialismo clerical con el socialismo feudal

Ahogy a plébános mindig kéz a kézben járt a földesúrral, úgy járt a klerikális szocializmus a feudális szocializmussal

Nada es más fácil que dar al ascetismo cristiano un tinte socialista

Semmi sem könnyebb, mint szocialista színezetet adni a keresztény aszketizmusnak

¿No ha declamado el cristianismo contra la propiedad privada, contra el matrimonio, contra el Estado?

A kereszténység nem a magántulajdon, a házasság, az állam ellen emelt-e szót?

¿No ha predicado el cristianismo en lugar de estos, la caridad y la pobreza?

Nem a kereszténység prédikált-e ezek helyett, a szeretetet és a szegénységet?

¿Acaso el cristianismo no predica el celibato y la mortificación de la carne, la vida monástica y la Madre Iglesia?

A kereszténység nem a cölibátust és a test sanyargatását, a szerzetesi életet és az Anyaszentegyházat hirdeti?

El socialismo cristiano no es más que el agua bendita con la que el sacerdote consagra los ardores del corazón del aristócrata

A keresztényszocializmus nem más, mint a szenteltvíz, amellyel a pap megszenteli az arisztokrata szívégését

b) Socialismo pequeñoburgués
b) Kispolgári szocializmus

La aristocracia feudal no fue la única clase arruinada por la burguesía
A feudális arisztokrácia nem volt az egyetlen osztály, amelyet a burzsoázia tönkretett
no fue la única clase cuyas condiciones de existencia languidecieron y perecieron en la atmósfera de la sociedad burguesa moderna
nem ez volt az egyetlen osztály, amelynek létfeltételei a modern burzsoázia társadalmának légkörében rögzültek és pusztultak el
Los burgueses medievales y los pequeños propietarios campesinos fueron los precursores de la burguesía moderna
A középkori burgessek és a kisparaszti birtokosok voltak a modern burzsoázia előfutárai
En los países poco desarrollados, industrial y comercialmente, estas dos clases siguen vegetando una al lado de la otra
Azokban az országokban, amelyek iparilag és kereskedelmileg kevéssé fejlettek, ez a két osztály még mindig egymás mellett vegetál
y mientras tanto la burguesía se levanta junto a ellos: industrial, comercial y políticamente
és közben a burzsoázia felemelkedik mellettük: iparilag, kereskedelmileg és politikailag
En los países donde la civilización moderna se ha desarrollado plenamente, se ha formado una nueva clase de pequeña burguesía
Azokban az országokban, ahol a modern civilizáció teljesen kifejlődött, a kispolgárság új osztálya alakult ki
esta nueva clase social fluctúa entre el proletariado y la burguesía
ez az új társadalmi osztály a proletariátus és a burzsoázia között ingadozik

y siempre se renueva como parte complementaria de la sociedad burguesa

és a burzsoázia társadalmának kiegészítő részeként mindig megújul

Sin embargo, los miembros individuales de esta clase son constantemente arrojados al proletariado

Ennek az osztálynak az egyes tagjait azonban állandóan letaszítják a proletariátusba

son absorbidos por el proletariado a través de la acción de la competencia

a proletariátus felszívja őket a verseny tevékenységén keresztül

A medida que la industria moderna se desarrolla, incluso ven acercarse el momento en que desaparecerán por completo como sección independiente de la sociedad moderna

Ahogy a modern ipar fejlődik, még azt a pillanatot is közeledik, amikor a modern társadalom független részeként teljesen eltűnik

Serán reemplazados, en las manufacturas, la agricultura y el comercio, por vigilantes, alguaciles y tenderos

Ezeket a manufaktúrákban, a mezőgazdaságban és a kereskedelemben felügyelők, végrehajtók és kereskedők fogják helyettesíteni

En países como Francia, donde los campesinos constituyen mucho más de la mitad de la población

Olyan országokban, mint Franciaország, ahol a parasztok a lakosság több mint felét teszik ki

era natural que hubiera escritores que se pusieran del lado del proletariado contra la burguesía

természetes volt, hogy vannak írók, akik a proletariátus oldalára álltak a burzsoáziával szemben

en su crítica al régimen burgués utilizaron el estandarte de la pequeña burguesía campesina

a burzsoázia rendszerének kritikájában a paraszti és kispolgári színvonalat használták

Y desde el punto de vista de estas clases intermedias, toman el garrote de la clase obrera
és ezeknek a köztes osztályoknak a szemszögéből veszik fel a munkásosztály ölelését
Así surgió el socialismo pequeñoburgués, del que Sismondi era el jefe de esta escuela, no sólo en Francia, sino también en Inglaterra
Így jött létre a kispolgári szocializmus, amelynek Sismondi volt a feje, nemcsak Franciaországban, hanem Angliában is
Esta escuela del socialismo diseccionó con gran agudeza las contradicciones de las condiciones de producción moderna
A szocializmusnak ez az iskolája nagy élességgel boncolgatta a modern termelés feltételeinek ellentmondásait
Esta escuela puso al descubierto las apologías hipócritas de los economistas
Ez az iskola leleplezte a közgazdászok képmutató mentegetőzését
Esta escuela demostró, incontrovertiblemente, los efectos desastrosos de la maquinaria y de la división del trabajo
Ez az iskola vitathatatlanul bebizonyította a gépek és a munkamegosztás katasztrofális hatásait
Probó la concentración del capital y de la tierra en pocas manos
Bebizonyította, hogy a tőke és a föld néhány kézben koncentrálódik
demostró cómo la sobreproducción conduce a las crisis de la burguesía
bebizonyította, hogy a túltermelés burzsoázia válságokhoz vezet
señalaba la ruina inevitable de la pequeña burguesía y del campesino
rámutatott a kispolgárság és paraszt elkerülhetetlen pusztulására
la miseria del proletariado, la anarquía en la producción, las desigualdades flagrantes en la distribución de la riqueza

A proletariátus nyomorúsága, a termelés anarchiája, a javak
elosztásának kiáltó egyenlőtlenségei
**Mostró cómo el sistema de producción lidera la guerra
industrial de exterminio entre naciones**
Megmutatta, hogy a termelési rendszer hogyan vezeti a
nemzetek közötti ipari megsemmisítési háborút
**la disolución de los viejos lazos morales, de las viejas
relaciones familiares, de las viejas nacionalidades**
a régi erkölcsi kötelékek, a régi családi viszonyok, a régi
nemzetiségek felbomlása
**Sin embargo, en sus objetivos positivos, esta forma de
socialismo aspira a lograr una de dos cosas**
Pozitív céljaiban azonban a szocializmusnak ez a formája két
dolog egyikét kívánja elérni
**o bien pretende restaurar los antiguos medios de producción
y de intercambio**
vagy a régi termelési és csereeszközök visszaállítására
törekszik
**y con los viejos medios de producción restauraría las viejas
relaciones de propiedad y la vieja sociedad**
és a régi termelőeszközökkel helyreállítaná a régi
tulajdonviszonyokat és a régi társadalmat
**o pretende apretar los medios modernos de producción e
intercambio en el viejo marco de las relaciones de propiedad**
vagy arra törekszik, hogy a modern termelési és
csereeszközöket a tulajdonviszonyok régi kereteibe szorítsa
En cualquier caso, es a la vez reaccionario y utópico
Mindkét esetben reakciós és utópisztikus
**Sus últimas palabras son: gremios corporativos para la
manufactura, relaciones patriarcales en la agricultura**
Utolsó szavai: vállalati céhek a manufaktúrákhoz,
patriarchális kapcsolatok a mezőgazdaságban
**En última instancia, cuando los obstinados hechos históricos
habían dispersado todos los efectos embriagadores del
autoengaño**

Végül, amikor a makacs történelmi tények eloszlatták az
önámítás minden mámorító hatását
**esta forma de socialismo terminó en un miserable ataque de
lástima**
a szocializmusnak ez a formája a szánalom nyomorúságos
rohamával végződött

c) Socialismo alemán o "verdadero"
c) Német vagy "igazi" szocializmus

La literatura socialista y comunista de Francia se originó bajo la presión de una burguesía en el poder
Franciaország szocialista és kommunista irodalma a hatalmon lévő burzsoázia nyomása alatt keletkezett
Y esta literatura era la expresión de la lucha contra este poder
És ez az irodalom az e hatalom elleni küzdelem kifejeződése volt
se introdujo en Alemania en un momento en que la burguesía acababa de comenzar su lucha contra el absolutismo feudal
akkor vezették be Németországba, amikor a burzsoázia éppen megkezdte a feudális abszolutizmussal folytatott harcát
Los filósofos alemanes, los aspirantes a filósofos y los beaux esprits, se apoderaron con avidez de esta literatura
A német filozófusok, leendő filozófusok és beaux espritek mohón ragadták meg ezt az irodalmat
pero olvidaron que los escritos emigraron de Francia a Alemania sin traer consigo las condiciones sociales francesas
de elfelejtették, hogy az írások Franciaországból vándoroltak Németországba anélkül, hogy magukkal hozták volna a francia társadalmi viszonyokat
En contacto con las condiciones sociales alemanas, esta literatura francesa perdió toda su significación práctica inmediata
A német társadalmi viszonyokkal érintkezve ez a francia irodalom elvesztette minden közvetlen gyakorlati jelentőségét
y la literatura comunista de Francia asumió un aspecto puramente literario en los círculos académicos alemanes
és a francia kommunista irodalom tisztán irodalmi jelleget öltött német akadémiai körökben
Así, las exigencias de la primera Revolución Francesa no eran más que las exigencias de la "Razón Práctica"

Így az első francia forradalom követelései nem voltak mások, mint a "gyakorlati ész" követelései

y la expresión de la voluntad de la burguesía revolucionaria francesa significaba a sus ojos la ley de la voluntad pura

és a forradalmi francia burzsoázia akaratának kimondása a tiszta akarat törvényét jelentette a szemükben

significaba la Voluntad tal como estaba destinada a ser; de la verdadera Voluntad humana en general

úgy jelezte az akaratot, amilyennek lennie kellett; az igaz emberi akarat általában;

El mundo de los literatos alemanes consistía únicamente en armonizar las nuevas ideas francesas con su antigua conciencia filosófica

A német literátusok világa kizárólag abból állt, hogy az új francia eszméket összhangba hozza ősi filozófiai lelkiismeretükkel

o mejor dicho, se anexionaron las ideas francesas sin abandonar su propio punto de vista filosófico

vagy inkább csatolták a francia eszméket anélkül, hogy elhagyták volna saját filozófiai nézőpontjukat

Esta anexión se llevó a cabo de la misma manera en que se apropia una lengua extranjera, es decir, por traducción

Ez az annektálás ugyanúgy történt, mint egy idegen nyelv kisajátítása, nevezetesen fordítás útján

Es bien sabido cómo los monjes escribieron vidas tontas de santos católicos sobre manuscritos

Jól ismert, hogy a szerzetesek hogyan írták a katolikus szentek ostoba életét a kéziratok fölé

los manuscritos sobre los que se habían escrito las obras clásicas del antiguo paganismo

A kéziratok, amelyekre az ókori pogányság klasszikus műveit írták

Los literatos alemanes invirtieron este proceso con la literatura profana francesa

A német literátusok megfordították ezt a folyamatot a profán francia irodalommal

Escribieron sus tonterías filosóficas bajo el original francés
Filozófiai ostobaságaikat a francia eredeti alá írták
Por ejemplo, debajo de la crítica francesa a las funciones económicas del dinero, escribieron "Alienación de la humanidad"
Például a pénz gazdasági funkcióinak francia kritikája alatt megírták "Az emberiség elidegenedése"
debajo de la crítica francesa al Estado burgués escribieron "destronamiento de la categoría de general"
a burzsoázia államának francia kritikája alatt azt írták, hogy "a tábornok kategóriájának trónfosztása"
La introducción de estas frases filosóficas en el reverso de las críticas históricas francesas las denominó:
Ezeknek a filozófiai kifejezéseknek a bevezetése az általuk nevezett francia történelmi kritikák hátulján:
"Filosofía de la acción", "Socialismo verdadero", "Ciencia alemana del socialismo", "Fundamentos filosóficos del socialismo", etc
"A cselekvés filozófiája", "Az igazi szocializmus", "A szocializmus német tudománya", "A szocializmus filozófiai alapja" és így tovább
De este modo, la literatura socialista y comunista francesa quedó completamente castrada
A francia szocialista és kommunista irodalom így teljesen elférfiasodott
en manos de los filósofos alemanes dejó de expresar la lucha de una clase con la otra
a német filozófusok kezében megszűnt kifejezni az egyik osztály küzdelmét a másikkal
y así los filósofos alemanes se sintieron conscientes de haber superado la "unilateralidad francesa"
és így a német filozófusok tudatában voltak annak, hogy legyőzték a "francia egyoldalúságot"
no tenía que representar requisitos verdaderos, sino que representaba requisitos de verdad

Nem kellett valódi követelményeket képviselnie, hanem az igazság követelményeit

no había interés en el proletariado, más bien, había interés en la Naturaleza Humana

nem volt érdeklődés a proletariátus iránt, inkább az emberi természet iránt érdeklődött

el interés estaba en el Hombre en general, que no pertenece a ninguna clase y no tiene realidad

az érdeklődés általában az Ember iránt irányult, aki nem tartozik egyetlen osztályhoz sem, és nincs realitása

Un hombre que sólo existe en el brumoso reino de la fantasía filosófica

Egy ember, aki csak a filozófiai fantázia ködös birodalmában létezik

pero con el tiempo este colegial socialismo alemán también perdió su inocencia pedante

de végül ez az iskolás német szocializmus is elvesztette pedáns ártatlanságát

la burguesía alemana, y especialmente la burguesía prusiana, lucharon contra la aristocracia feudal

a német burzsoázia és különösen a porosz burzsoázia harcolt a feudális arisztokrácia ellen

la monarquía absoluta de Alemania y Prusia también estaba siendo combatida

Németország és Poroszország abszolút monarchiáját is támadták

Y a su vez, la literatura del movimiento liberal también se hizo más seria

És viszont a liberális mozgalom irodalma is komolyabbá vált

Se le ofreció a Alemania la tan deseada oportunidad del "verdadero" socialismo

Németország régóta áhított lehetősége az "igazi" szocializmusra kínálkozott;

la oportunidad de confrontar al movimiento político con las reivindicaciones socialistas

a politikai mozgalom szembesítésének lehetősége a szocialista
követelésekkel

**la oportunidad de lanzar los anatemas tradicionales contra el
liberalismo**

a liberalizmus elleni hagyományos anatémák dobásának
lehetősége

**la oportunidad de atacar al gobierno representativo y a la
competencia burguesa**

a képviseleti kormány és a burzsoázia versenyének
megtámadásának lehetősége

**Libertad de prensa burguesa, Legislación burguesa, Libertad
e igualdad burguesa**

Burzsoázia sajtószabadsága, burzsoázia törvényhozása,
burzsoázia szabadsága és egyenlősége

**Todo esto ahora podría ser criticado en el mundo real, en
lugar de en la fantasía**

Mindezeket most már inkább a való világban lehetne
kritizálni, mint a fantáziában

**La aristocracia feudal y la monarquía absoluta habían
predicado durante mucho tiempo a las masas**

A feudális arisztokrácia és az abszolút monarchia már régóta
prédikált a tömegeknek

"El obrero no tiene nada que perder y tiene todo que ganar"

"A dolgozó embernek nincs vesztenivalója, és mindent
nyerhet"

**el movimiento burgués también ofrecía la oportunidad de
hacer frente a estos tópicos**

a burzsoázia mozgalom is lehetőséget kínált arra, hogy
szembenézzen ezekkel a közhelyekkel

**la crítica francesa presuponía la existencia de la sociedad
burguesa moderna**

a francia kritika feltételezte a modern burzsoázia
társadalmának létezését

**Las condiciones económicas de existencia de la burguesía y
la constitución política de la burguesía**

A burzsoázia gazdasági létfeltételei és a burzsoázia politikai
alkotmánya
**las mismas cosas cuya consecución era el objeto de la lucha
pendiente en Alemania**
éppen azokat a dolgokat, amelyek elérése a Németországban
függőben lévő harc tárgya volt
**El estúpido eco del socialismo alemán abandonó estos
objetivos justo a tiempo**
Németország ostoba visszhangja a szocializmusról éppen az
idő múlásával hagyta el ezeket a célokat
**Los gobiernos absolutos tenían sus seguidores de párrocos,
profesores, escuderos y funcionarios**
Az abszolút kormányok követték a plébánosokat,
professzorokat, vidéki mókusokat és tisztviselőket
**el gobierno de la época se enfrentó a los levantamientos de
la clase obrera alemana con azotes y balas**
az akkori kormány korbácsolással és golyókkal válaszolt a
német munkásosztály felkelésére
**para ellos este socialismo servía de espantapájaros contra la
burguesía amenazadora**
számukra ez a szocializmus üdvözlendő madárijesztőként
szolgált a fenyegető burzsoázia ellen
**y el gobierno alemán pudo ofrecer un postre dulce después
de las píldoras amargas que repartió**
és a német kormány édes desszertet tudott kínálni az általa
kiosztott keserű tabletták után
**este "verdadero" socialismo servía así a los gobiernos como
arma para combatir a la burguesía alemana**
ez az "igazi" szocializmus tehát fegyverként szolgált a
kormányoknak a német burzsoázia elleni harcban
**y, al mismo tiempo, representaba directamente un interés
reaccionario; la de los filisteos alemanes**
ugyanakkor közvetlenül reakciós érdeket képviselt; a német
filiszteusé;
**En Alemania, la pequeña burguesía es la verdadera base
social del actual estado de cosas**

Németországban a kispolgári osztály a fennálló helyzet valódi
társadalmi alapja
Una reliquia del siglo XVI que ha ido surgiendo
constantemente bajo diversas formas
A tizenhatodik század emléke, amely folyamatosan felbukkan
különböző formákban
Preservar esta clase es preservar el estado de cosas existente
en Alemania
Ennek az osztálynak a megőrzése azt jelenti, hogy megőrizzük
a dolgok jelenlegi állapotát Németországban
La supremacía industrial y política de la burguesía amenaza
a la pequeña burguesía con una destrucción segura
A burzsoázia ipari és politikai felsőbbrendűsége biztos
pusztulással fenyegeti a kispolgárságot
por un lado, amenaza con destruir a la pequeña burguesía a
través de la concentración del capital
egyrészt azzal fenyeget, hogy a tőke koncentrációja révén
elpusztítja a kispolgárságot
por otra parte, la burguesía amenaza con destruirla mediante
el ascenso de un proletariado revolucionario
másrészt a burzsoázia azzal fenyeget, hogy a forradalmi
proletariátus felemelkedésével elpusztítja
El "verdadero" socialismo parecía matar estos dos pájaros de
un tiro. Se extendió como una epidemia
Úgy tűnt, hogy az "igazi" szocializmus egy csapásra megölte
ezt a két madarat. Úgy terjedt, mint egy járvány
El manto de telarañas especulativas, bordado con flores de
retórica, empapado en el rocío de un sentimiento enfermizo
A spekulatív pókhálók köntöse, a retorika virágaival hímezve,
beteges érzelmek harmatával átitatva
esta túnica trascendental en la que los socialistas alemanes
envolvían sus tristes "verdades eternas"
ez a transzcendentális köntös, amelybe a német szocialisták
beburkolták sajnálatos "örök igazságaikat"

toda la piel y los huesos, sirvieron para aumentar maravillosamente la venta de sus productos entre un público tan

Minden bőr és csont csodálatosan növelte áruik eladását egy ilyen közönség körében

Y por su parte, el socialismo alemán reconocía, cada vez más, su propia vocación

És a maga részéről a német szocializmus egyre inkább felismerte saját hivatását

estaba llamado a ser el grandilocuente representante de la pequeña burguesía filistea

a kispolgári filiszteus bombasztikus képviselőjének hívták

Proclamaba que la nación alemana era la nación modelo, y que el pequeño filisteo alemán era el hombre modelo

A német nemzetet kiáltotta ki mintanemzetnek, a német kisfiliszteust pedig mintaembernek

A cada maldad malvada de este hombre modelo le daba una interpretación socialista oculta y superior

Ennek a mintaembernek minden gonosz aljasságához rejtett, magasabb, szocialista értelmezést adott

esta interpretación socialista superior era exactamente lo contrario de su carácter real

ez a magasabb, szocialista értelmezés éppen az ellenkezője volt valódi jellegének

Llegó al extremo de oponerse directamente a la tendencia "brutalmente destructiva" del comunismo

A végletekig elment, hogy közvetlenül szembeszállt a kommunizmus "brutálisan destruktív" tendenciájával

y proclamó su supremo e imparcial desprecio de todas las luchas de clases

és kijelentette, hogy a legnagyobb mértékben és pártatlanul semmibe vesz minden osztályharcot

Con muy pocas excepciones, todas las publicaciones llamadas socialistas y comunistas que ahora (1847) circulan en Alemania pertenecen al dominio de esta literatura sucia y enervante

Nagyon kevés kivételtől eltekintve az összes úgynevezett szocialista és kommunista kiadvány, amely ma (1847) Németországban kering, ennek a rossz és enervált irodalomnak a területéhez tartozik

2) Socialismo conservador o socialismo burgués
2) Konzervatív szocializmus vagy burzsoázia szocializmus

Una parte de la burguesía está deseosa de reparar los agravios sociales
A burzsoázia egy része a társadalmi sérelmek orvoslására törekszik
con el fin de asegurar la continuidad de la sociedad burguesa
a burzsoázia társadalom fennmaradásának biztosítása érdekében
A esta sección pertenecen economistas, filántropos, humanistas
Ebbe a szekcióba tartoznak a közgazdászok, filantrópok, humanitáriusok
mejoradores de la condición de la clase obrera y organizadores de la caridad
a munkásosztály helyzetének javítói és a jótékonyság szervezői
Miembros de las Sociedades para la Prevención de la Crueldad contra los Animales
Az állatokkal szembeni kegyetlenség megelőzésére létrehozott társaságok tagjai
fanáticos de la templanza, reformadores de todo tipo imaginable
A mértékletesség fanatikusai, mindenféle elképzelhető reformerek
Esta forma de socialismo, además, ha sido elaborada en sistemas completos

A szocializmusnak ezt a formáját ráadásul teljes rendszerré dolgozták ki

Podemos citar la "Philosophie de la Misère" de Proudhon como ejemplo de esta forma

Példaként említhetjük Proudhon "Philosophie de la Misère" című művét

La burguesía socialista quiere todas las ventajas de las condiciones sociales modernas

A szocialista burzsoázia a modern társadalmi viszonyok minden előnyét akarja

pero la burguesía socialista no quiere necesariamente las luchas y los peligros resultantes

de a szocialista burzsoázia nem feltétlenül akarja az ebből eredő harcokat és veszélyeket

Desean el estado actual de la sociedad, menos sus elementos revolucionarios y desintegradores

A társadalom fennálló állapotát akarják, leszámítva annak forradalmi és bomlasztó elemeit

en otras palabras, desean una burguesía sin proletariado

más szóval, proletariátus nélküli burzsoáziát akarnak

La burguesía concibe naturalmente el mundo en el que es supremo ser el mejor

A burzsoázia természetszerűleg úgy képzeli el azt a világot, amelyben a legjobbnak lenni a legfőbb

y el socialismo burgués desarrolla esta cómoda concepción en varios sistemas más o menos completos

és a burzsoázia szocializmusa ezt a kényelmes felfogást különböző, többé-kevésbé teljes rendszerré fejleszti

les gustaría mucho que el proletariado marchara directamente hacia la Nueva Jerusalén social

nagyon szeretnék, ha a proletariátus egyenesen a szociális Új Jeruzsálembe vonulna

pero en realidad requiere que el proletariado permanezca dentro de los límites de la sociedad existente

De valójában megköveteli, hogy a proletariátus a fennálló társadalom határain belül maradjon

piden al proletariado que abandone todas sus ideas odiosas sobre la burguesía

arra kérik a proletariátust, hogy vesse el a burzsoáziával kapcsolatos minden gyűlöletes eszméjüket

hay una segunda forma más práctica, pero menos sistemática, de este socialismo

ennek a szocializmusnak van egy második, gyakorlatiasabb, de kevésbé szisztematikus formája is

Esta forma de socialismo buscaba despreciar todo movimiento revolucionario a los ojos de la clase obrera

A szocializmusnak ez a formája arra törekedett, hogy leértékeljen minden forradalmi mozgalmat a munkásosztály szemében

Argumentan que ninguna mera reforma política podría ser ventajosa para ellos

Azzal érvelnek, hogy a puszta politikai reform semmilyen előnnyel nem járhat számukra

Sólo un cambio en las condiciones materiales de existencia en las relaciones económicas es beneficioso

Csak a gazdasági viszonyok anyagi létfeltételeinek megváltozása előnyös

Al igual que el comunismo, esta forma de socialismo aboga por un cambio en las condiciones materiales de existencia

A kommunizmushoz hasonlóan a szocializmusnak ez a formája is a lét anyagi feltételeinek megváltoztatását szorgalmazza

sin embargo, esta forma de socialismo no sugiere en modo alguno la abolición de las relaciones de producción burguesas

a szocializmusnak ez a formája azonban semmi esetre sem jelenti a burzsoázia termelési viszonyainak megszüntetését

la abolición de las relaciones de producción burguesas sólo puede lograrse mediante una revolución

a burzsoázia termelési viszonyainak megszüntetése csak forradalommal érhető el

Pero en lugar de una revolución, esta forma de socialismo sugiere reformas administrativas

De forradalom helyett a szocializmusnak ez a formája adminisztratív reformokat javasol

y estas reformas administrativas se basarían en la continuidad de estas relaciones

és ezek az igazgatási reformok e kapcsolatok folyamatos fennállásán alapulnának

reformas, por lo tanto, que no afectan en ningún aspecto a las relaciones entre el capital y el trabajo

ezért olyan reformok, amelyek semmilyen tekintetben nem érintik a tőke és a munka közötti kapcsolatokat

en el mejor de los casos, tales reformas disminuyen el costo y simplifican el trabajo administrativo del gobierno burgués

az ilyen reformok legjobb esetben is csökkentik a burzsoázia kormányának költségeit és egyszerűsítik adminisztratív munkáját

El socialismo burgués alcanza una expresión adecuada cuando, y sólo cuando, se convierte en una mera figura retórica

A burzsoá szocializmus akkor és csak akkor jut megfelelő kifejezésre, amikor puszta beszédformává válik

Libre comercio: en beneficio de la clase obrera

Szabad kereskedelem: a munkásosztály javára

Deberes protectores: en beneficio de la clase obrera

Védelmi feladatok: a munkásosztály javára

Reforma Penitenciaria: en beneficio de la clase trabajadora

Börtönreform: a munkásosztály javára

Esta es la última palabra y la única palabra seria del socialismo burgués

Ez a burzsoázia szocializmusának utolsó szava és egyetlen komolyan gondolt szava

Se resume en la frase: la burguesía es una burguesía en beneficio de la clase obrera

Ezt a következő mondat foglalja össze: a burzsoázia burzsoázia a munkásosztály javára

3) Socialismo crítico-utópico y comunismo
3) Kritikai-utópisztikus szocializmus és kommunizmus

No nos referimos aquí a esa literatura que siempre ha dado voz a las reivindicaciones del proletariado
Itt nem arról az irodalomról van szó, amely mindig hangot adott a proletariátus követeléseinek

esto ha estado presente en todas las grandes revoluciones modernas, como los escritos de Babeuf y otros
ez jelen volt minden nagy modern forradalomban, például Babeuf és mások írásaiban

Las primeras tentativas directas del proletariado para alcanzar sus propios fines fracasaron necesariamente
A proletariátus első közvetlen kísérletei saját céljainak elérésére szükségszerűen kudarcot vallottak

Estos intentos se hicieron en tiempos de excitación universal, cuando la sociedad feudal estaba siendo derrocada
Ezeket a kísérleteket az egyetemes izgalom idején tették, amikor a feudális társadalmat megdöntötték

El entonces subdesarrollado del proletariado llevó a que fracasaran esos intentos
A proletariátus akkori fejletlen állapota vezetett e kísérletek kudarcához

y fracasaron por la ausencia de las condiciones económicas para su emancipación
és kudarcot vallottak az emancipáció gazdasági feltételeinek hiánya miatt

condiciones que aún no se habían producido, y que sólo podían ser producidas por la inminente época de la burguesía
olyan állapotok, amelyeket még létre kell hozni, és amelyeket egyedül a közelgő burzsoázia korszaka hozhat létre

La literatura revolucionaria que acompañó a estos primeros movimientos del proletariado tuvo necesariamente un carácter reaccionario

A forradalmi irodalom, amely a proletariátus első mozgalmait kísérte, szükségszerűen reakciós jellegű volt

Esta literatura inculcó el ascetismo universal y la nivelación social en su forma más cruda

Ez az irodalom az egyetemes aszketizmust és a társadalmi szintezést a legdurvább formájában nevelte

Los sistemas socialista y comunista, propiamente dichos, surgen en el período temprano no desarrollado

A szocialista és kommunista rendszerek, helyesen úgynevezett, a korai, fejletlen időszakban jöttek létre

Saint-Simon, Fourier, Owen y otros, describieron la lucha entre el proletariado y la burguesía (ver sección 1)

Saint-Simon, Fourier, Owen és mások leírták a proletariátus és a burzsoázia közötti harcot (lásd 1. fejezet)

Los fundadores de estos sistemas ven, en efecto, los antagonismos de clase

E rendszerek alapítói valóban látják az osztályellentéteket

también ven la acción de los elementos en descomposición, en la forma predominante de la sociedad

Látják a bomló elemek tevékenységét is az uralkodó társadalmi formában

Pero el proletariado, todavía en su infancia, les ofrece el espectáculo de una clase sin ninguna iniciativa histórica

De a proletariátus, amely még gyerekcipőben jár, egy történelmi kezdeményezés nélküli osztály látványát kínálja nekik

Ven el espectáculo de una clase social sin ningún movimiento político independiente

Egy független politikai mozgalom nélküli társadalmi osztály látványát látják

El desarrollo del antagonismo de clase sigue el mismo ritmo que el desarrollo de la industria

Az osztályellentétek kialakulása lépést tart az ipar fejlődésével

De modo que la situación económica no les ofrece todavía las condiciones materiales para la emancipación del proletariado

Tehát a gazdasági helyzet még nem biztosítja számukra a proletariátus felszabadításának anyagi feltételeit

Por lo tanto, buscan una nueva ciencia social, nuevas leyes sociales, que creen estas condiciones

Ezért új társadalomtudományt, új társadalmi törvényeket keresnek, amelyek megteremtik ezeket a feltételeket

acción histórica es ceder a su acción inventiva personal

A történelmi cselekvés az, hogy engedjenek személyes feltalálói cselekedeteiknek

Las condiciones de emancipación creadas históricamente han de ceder ante condiciones fantásticas

Az emancipáció történelmileg teremtett feltételei fantasztikus körülményeknek engednek

y la organización gradual y espontánea de clase del proletariado debe ceder ante la organización de la sociedad

és a proletariátus fokozatos, spontán osztályszerveződése azt jelenti, hogy enged a társadalom szervezésének

la organización de la sociedad especialmente ideada por estos inventores

a társadalom szervezete, amelyet ezek a feltalálók kifejezetten kitaláltak

La historia futura se resuelve, a sus ojos, en la propaganda y en la realización práctica de sus planes sociales

A jövő történelme az ő szemükben a propagandában és társadalmi terveik gyakorlati megvalósításában oldódik fel

En la formación de sus planes son conscientes de preocuparse principalmente por los intereses de la clase obrera

Terveik kialakításakor tudatában vannak annak, hogy elsősorban a munkásosztály érdekeit tartják szem előtt

Sólo desde el punto de vista de ser la clase más sufriente existe el proletariado para ellos

Csak abból a szempontból létezik számukra a proletariátus, hogy ők a legszenvedőbb osztály

El estado subdesarrollado de la lucha de clases y su propio entorno informan sus opiniones

Az osztályharc fejletlen állapota és saját környezetük
határozza meg véleményüket
**Los socialistas de este tipo se consideran muy superiores a
todos los antagonismos de clase**
Az ilyen szocialisták sokkal felsőbbrendűnek tartják magukat
minden osztályellentétnél
**Quieren mejorar la condición de todos los miembros de la
sociedad, incluso la de los más favorecidos**
A társadalom minden tagjának helyzetét javítani akarják, még
a leghátrányosabb helyzetűekét is
**De ahí que habitualmente atraigan a la sociedad en general,
sin distinción de clase**
Ezért rendszerint a társadalom egészéhez szólnak,
osztálymegkülönböztetés nélkül
**Es más, apelan a la sociedad en general con preferencia a la
clase dominante**
sőt, az uralkodó osztállyal szemben a társadalom egészét
szólítják meg
**Para ellos, todo lo que se requiere es que los demás
entiendan su sistema**
Számukra csak arra van szükség, hogy mások megértsék a
rendszerüket
**Porque, ¿cómo puede la gente no ver que el mejor plan
posible es para el mejor estado posible de la sociedad?**
Mert hogyan ne látnák az emberek, hogy a lehető legjobb terv
a társadalom lehető legjobb állapotát szolgálja?
**Por lo tanto, rechazan toda acción política, y especialmente
toda acción revolucionaria**
Ezért elutasítanak minden politikai, és különösen minden
forradalmi akciót
desean alcanzar sus fines por medios pacíficos
céljaikat békés eszközökkel kívánják elérni
**se esfuerzan, mediante pequeños experimentos, que están
necesariamente condenados al fracaso**
Kis kísérletekkel próbálkoznak, amelyek szükségszerűen
kudarcra vannak ítélve

y con la fuerza del ejemplo tratan de abrir el camino al nuevo Evangelio social

és a példa erejével igyekeznek kikövezni az utat az új szociális evangélium számára

Cuadros tan fantásticos de la sociedad futura, pintados en un momento en que el proletariado se encuentra todavía en un estado muy subdesarrollado

Ilyen fantasztikus képek a jövő társadalmáról, amikor a proletariátus még mindig nagyon fejletlen állapotban van

y todavía no tiene más que una concepción fantástica de su propia posición

És még mindig csak fantasztikus elképzelése van saját helyzetéről

pero sus primeros anhelos instintivos corresponden a los anhelos del proletariado

De első ösztönös sóvárgásuk megfelel a proletariátus vágyainak

Ambos anhelan una reconstrucción general de la sociedad

Mindketten a társadalom általános újjáépítésére vágynak

Pero estas publicaciones socialistas y comunistas también contienen un elemento crítico

De ezek a szocialista és kommunista kiadványok kritikai elemet is tartalmaznak

Atacan todos los principios de la sociedad existente

A létező társadalom minden elvét támadják

De ahí que estén llenos de los materiales más valiosos para la ilustración de la clase obrera

Ezért tele vannak a munkásosztály felvilágosításának legértékesebb anyagaival

Proponen la abolición de la distinción entre la ciudad y el campo, y la familia

Azt javasolják, hogy töröljék el a város és a falu, valamint a család közötti megkülönböztetést

la supresión de la explotación de industrias por cuenta de los particulares

a magánszemélyek javára végzett iparágak megszüntetése;

y la abolición del sistema salarial y la proclamación de la armonía social

valamint a bérrendszer eltörlése és a társadalmi harmónia hirdetése

la conversión de las funciones del Estado en una mera superintendencia de la producción

az állami funkciók puszta termelési felügyeletté alakítása

Todas estas propuestas, apuntan únicamente a la desaparición de los antagonismos de clase

Mindezek a javaslatok kizárólag az osztályellentétek eltűnésére mutatnak rá

Los antagonismos de clase estaban, en ese momento, apenas surgiendo

Az osztályellentétek abban az időben még csak most jelentek meg

En estas publicaciones estos antagonismos de clase se reconocen sólo en sus formas más tempranas, indistintas e indefinidas

Ezekben a kiadványokban ezeket az osztályellentéteket csak legkorábbi, homályos és meghatározatlan formájukban ismerik fel

Estas propuestas, por lo tanto, son de carácter puramente utópico

Ezek a javaslatok tehát tisztán utópisztikus jellegűek

La importancia del socialismo crítico-utópico y del comunismo guarda una relación inversa con el desarrollo histórico

A kritikai-utópisztikus szocializmus és kommunizmus jelentősége fordított kapcsolatban áll a történelmi fejlődéssel

La lucha de clases moderna se desarrollará y continuará tomando forma definitiva

A modern osztályharc ki fog fejlődni és továbbra is határozott formát ölt

Esta fantástica posición del concurso perderá todo valor práctico

Ez a fantasztikus kiállás a versenyből elveszíti minden
gyakorlati értékét
**Estos fantásticos ataques a los antagonismos de clase
perderán toda justificación teórica**
Ezek az osztályellentétek elleni fantasztikus támadások
elveszítik minden elméleti igazolásukat
**Los creadores de estos sistemas fueron, en muchos aspectos,
revolucionarios**
E rendszerek megalkotói sok tekintetben forradalmiak voltak
**pero sus discípulos han formado, en todos los casos, meras
sectas reaccionarias**
De tanítványaik minden esetben pusztán reakciós szektákat
hoztak létre
**Se aferran firmemente a los puntos de vista originales de sus
amos**
Szorosan ragaszkodnak mestereik eredeti nézeteihez
**Pero estos puntos de vista se oponen al desarrollo histórico
progresivo del proletariado**
De ezek a nézetek ellentétben állnak a proletariátus fokozatos
történelmi fejlődésével
**Por lo tanto, se esfuerzan, y eso de manera consecuente, por
amortiguar la lucha de clases**
Ezért arra törekszenek, mégpedig következetesen, hogy
eltompítsák az osztályharcot
**y se esfuerzan constantemente por reconciliar los
antagonismos de clase**
és következetesen törekednek az osztályellentétek kibékítésére
**Todavía sueñan con la realización experimental de sus
utopías sociales**
Még mindig társadalmi utópiáik kísérleti megvalósításáról
álmodoznak
**todavía sueñan con fundar "falansterios" aislados y
establecer "colonias domésticas"**
még mindig arról álmodoznak, hogy elszigetelt
"falansztereket" alapítanak és "otthoni kolóniákat" hoznak
létre

sueñan con establecer una "Pequeña Icaria": ediciones
duodécimas de la Nueva Jerusalén
arról álmodoznak, hogy létrehoznak egy "Kis Ikáriát" — az Új
Jeruzsálem duodecimo kiadásait
y sueñan con realizar todos estos castillos en el aire
És arról álmodoznak, hogy megvalósítják ezeket a kastélyokat
a levegőben
se ven obligados a apelar a los sentimientos y a las carteras
de los burgueses
kénytelenek a burzsoá érzéseire és pénztárcájára apellálni
Poco a poco se hunden en la categoría de los socialistas
conservadores reaccionarios descritos anteriormente
Fokról fokra süllyednek a fent ábrázolt reakciós konzervatív
szocialisták kategóriájába
sólo se diferencian de ellos por una pedantería más
sistemática
Ezektől csak a szisztematikusabb pedantériában különböznek
y se diferencian por su creencia fanática y supersticiosa en
los efectos milagrosos de su ciencia social
és abban különböznek, hogy fanatikus és babonás hitük van a
társadalomtudományuk csodás hatásaiban
Por lo tanto, se oponen violentamente a toda acción política
por parte de la clase obrera
Ezért hevesen ellenzik a munkásosztály minden politikai
akcióját
tal acción, según ellos, sólo puede ser el resultado de una
ciega incredulidad en el nuevo Evangelio
szerintük az ilyen cselekedet csak az új evangéliumba vetett
vak hitetlenségből eredhet
Los owenistas en Inglaterra y los fourieristas en Francia,
respectivamente, se oponen a los cartistas y a los reformistas
Az oweniták Angliában és a fourieristák Franciaországban
ellenzik a chartistákat és a "réformistákat"

Posición de los comunistas en relación con los diversos partidos de oposición existentes

A kommunisták helyzete a különböző létező ellenzéki pártokkal szemben

La sección II ha dejado claras las relaciones de los comunistas con los partidos obreros existentes

A II. cikkely világossá tette a kommunisták viszonyát a létező munkáspártokhoz

como los cartistas en Inglaterra y los reformadores agrarios en América

mint például a chartisták Angliában és az agrárreformerek Amerikában

Los comunistas luchan por el logro de los objetivos inmediatos

A kommunisták a közvetlen célok eléréséért harcolnak

Luchan por la imposición de los intereses momentáneos de la clase obrera

harcolnak a munkásosztály pillanatnyi érdekeinek érvényesítéséért

Pero en el movimiento político del presente, también representan y cuidan el futuro de ese movimiento

De a jelen politikai mozgalmában ők képviselik és gondoskodnak annak a mozgalomnak a jövőjéről is

En Francia, los comunistas se alían con los socialdemócratas

Franciaországban a kommunisták szövetkeznek a szociáldemokratákkal

y se posicionan contra la burguesía conservadora y radical

és a konzervatív és radikális burzsoáziával szemben pozicionálják magukat

sin embargo, se reservan el derecho de tomar una posición crítica respecto de las frases e ilusiones tradicionalmente transmitidas desde la gran Revolución

azonban fenntartják maguknak a jogot, hogy kritikus álláspontot foglaljanak el a nagy forradalomból

hagyományosan ránk hagyományozott frázisokkal és
illúziókkal szemben
**En Suiza apoyan a los radicales, sin perder de vista que este
partido está formado por elementos antagónicos**
Svájcban a radikálisokat támogatják, anélkül, hogy szem elől
tévesztenék azt a tényt, hogy ez a párt antagonisztikus
elemekből áll
**en parte de los socialistas democráticos, en el sentido
francés, en parte de la burguesía radical**
részben francia értelemben vett demokratikus szocialistáké,
részben radikális burzsoáziáé
**En Polonia apoyan al partido que insiste en la revolución
agraria como condición primordial para la emancipación
nacional**
Lengyelországban azt a pártot támogatják, amely ragaszkodik
az agrárforradalomhoz, mint a nemzeti emancipáció
elsődleges feltételéhez
el partido que fomentó la insurrección de Cracovia en 1846
az a párt, amely 1846-ban kirobbantotta a krakkói felkelést
**En Alemania luchan con la burguesía cada vez que ésta actúa
de manera revolucionaria**
Németországban harcolnak a burzsoáziával, valahányszor az
forradalmi módon cselekszik
**contra la monarquía absoluta, la nobleza feudal y la pequeña
burguesía**
az abszolút monarchia, a feudális mókusok és a kispolgárság
ellen
**Pero no cesan, ni por un solo instante, de inculcar en la clase
obrera una idea particular**
De soha egyetlen pillanatra sem szűnnek meg egy bizonyos
eszmét csepegtetni a munkásosztályba
**el reconocimiento más claro posible del antagonismo hostil
entre la burguesía y el proletariado**
a burzsoázia és a proletariátus közötti ellenséges ellentét
lehető legvilágosabb felismerése

para que los obreros alemanes puedan utilizar inmediatamente las armas de que disponen

hogy a német munkások azonnal használhassák a rendelkezésükre álló fegyvereket

las condiciones sociales y políticas que la burguesía debe introducir necesariamente junto con su supremacía

azokat a társadalmi és politikai feltételeket, amelyeket a burzsoáziának szükségszerűen be kell vezetnie felsőbbrendűségével együtt

la caída de las clases reaccionarias en Alemania es inevitable

a reakciós osztályok bukása Németországban elkerülhetetlen

y entonces la lucha contra la burguesía misma puede comenzar inmediatamente

és akkor azonnal megkezdődhet a burzsoázia elleni harc

Los comunistas dirigen su atención principalmente a Alemania, porque este país está en vísperas de una revolución burguesa

A kommunisták figyelme elsősorban Németországra irányul, mert ez az ország a burzsoázia forradalmának előestéjén áll

una revolución que está destinada a llevarse a cabo en las condiciones más avanzadas de la civilización europea

olyan forradalom, amelyet az európai civilizáció fejlettebb körülményei között kell végrehajtani

y está destinado a llevarse a cabo con un proletariado mucho más desarrollado

és ezt egy sokkal fejlettebb proletariátussal kell végrehajtani

un proletariado más avanzado que el de Inglaterra en el XVII y el de Francia en el siglo XVIII

a tizenhetedik században Angliánál, a tizennyolcadik században pedig Franciaországnál fejlettebb proletariátus volt

y porque la revolución burguesa en Alemania no será más que el preludio de una revolución proletaria inmediatamente posterior •

és mert a burzsoázia forradalma Németországban csak előjátéka lesz a közvetlenül utána következő proletárforradalomnak

En resumen, los comunistas apoyan en todas partes todo movimiento revolucionario contra el orden social y político existente

Röviden, a kommunisták mindenütt támogatnak minden forradalmi mozgalmat a dolgok fennálló társadalmi és politikai rendje ellen

En todos estos movimientos ponen en primer plano, como cuestión principal en cada uno de ellos, la cuestión de la propiedad

Mindezekben a mozgalmakban előtérbe helyezik, mint vezető kérdést, a tulajdonkérdést

no importa cuál sea su grado de desarrollo en ese país en ese momento

függetlenül attól, hogy milyen fejlettségi fokú az adott országban abban az időben

Finalmente, trabajan en todas partes por la unión y el acuerdo de los partidos democráticos de todos los países

Végül mindenütt az összes ország demokratikus pártjainak uniójáért és egyetértéséért dolgoznak

Los comunistas desdeñan ocultar sus puntos de vista y sus objetivos

A kommunisták megvetik nézeteiket és céljaikat

Declaran abiertamente que sus fines sólo pueden alcanzarse mediante el derrocamiento por la fuerza de todas las condiciones sociales existentes

Nyíltan kijelentik, hogy céljaikat csak az összes fennálló társadalmi feltétel erőszakos megdöntésével érhetik el

Que las clases dominantes tiemblen ante una revolución comunista

Reszkessenek az uralkodó osztályok a kommunista forradalomtól

Los proletarios no tienen nada que perder más que sus cadenas

A proletároknak nincs vesztenivalójuk, csak láncaik

Tienen un mundo que ganar

Van egy világuk, amit meg kell nyerniük

¡TRABAJADORES DE TODOS LOS PAÍSES, UNÍOS!
MINDEN ORSZÁG DOLGOZÓI, EGYESÜLJETEK!

* 9 7 8 1 8 0 5 7 2 4 2 9 2 *